言葉通りすぎる男 深読みしすぎる女

鬼速拉近關係的男女撩心語言學

用一句話讀懂對方暗示，做出正確回應，瞬間讓感情升溫

堀田秀吾——著 涂紋凰——譯

前言

第一部

男人想太少，女人想太多

第二部

男生聽話，女人聽聲音

前言

為什麼男女之間會經常產生誤會呢？

我想應該是男女之間語言不同的緣故。本書的宗旨，就是探究讓男女之間產生誤會的「語言差異」。

人與人之間的溝通，語言占了很大一部分。想接近喜歡、在意的異性時，大多數人一開始也是從語言下手。

然而，在雙方溝通的過程中，正面接受對方的話語，以自己的方式解釋並且行動之後，卻沒好結果……這種案例並不少見。

尤其談戀愛更是如此。不過這也很正常，畢竟戀愛其實需要高度溝通技巧，甚至有人說：「能掌握戀愛溝通技巧，就能掌握所有溝通技巧。」

就一般論點來看，當彼此溝通產生齟齬時，原因大致有以下三種：

①誤解對方的語言（語言資訊）。

②錯過語言以外的表情、動作等訊息（非語言資訊）。

③正確解釋對方的語言或其他訊息，但自身應對的行為出錯。

我身為語言學家，對各位最有幫助的部分就是①和②。當然，③也是很重要的關鍵，在此建議各位不妨先從溝通的入口，也就是正確掌握語言背後的情感開始。

如果能做到這一點，至少可以降低明明這個女生對自己沒興趣，卻誤會「她是不是喜歡我」，或是「自己不是那個意思」等令人痛苦而且經常發生的失誤情形。

而我認為，最重要的是「減少失誤」。就算互有好感進而交往，也有不少人因為③的部分失敗導致戀情不順利。明確地說，想在戀愛或與人交際時百戰百勝，只能說是痴人說夢，世界上並沒有所謂的必勝之法。

最理想的方式是透過精進②和③的技巧，努力讓自己幸福並且不傷害到別人。

雖然行動和態度都很重要，但各位不妨先從減少「低階的錯誤」，也就是減少「語言的失敗」下手。

我高中時就讀男校，而且算是「很沒自信」的類型。因此，我對男女之間的語言和文化差異相當敏感，經常抱持觀察的態度。在大學授課時，我通常會列舉很多案例，本書也會大量提到這些我平常收集的例子。

雖然不敢保證看完這本書就可以讓人變成戀愛達人，但我會傳達一些技巧，讓讀者避免犯下不堪回首的大錯。

本書分成兩部分，由第一部「男人想太少，女人想太多」和第二部「男生聽話，女人聽聲音」組成。

第一部以科學資料和相關佐證解說，在同樣情況下，男性和女性分別會說什麼話。第二部則解說相同詞彙，男性和女性心中不同的同音異意詞以及該詞彙的範例與意義。

順帶一提，筆者是明治大學教授。以語言學為主軸，從心理學、腦科學、社會學等面向，科學分析法律界的溝通方式。

本書在確定整體框架之後，受到很多學生們的協助。學生們每天都過著揪心的生活，他們幫我填寫問卷，確認語言和思考的說明有無錯誤，若沒有重大錯誤，也會幫我思考有沒有更貼近年輕人的詞彙。因此，各位讀者請放心閱讀。

我自己因為這本書而學到很多「當初要是有發現就好了……」的知識，請不要告訴別人。

第一部

男人想太少，女人想太多

CASE 1

小心那些沒有意義的口頭禪

有些詞經常出現在對話中，但其實是「沒意義的一句話」。例如當你想說些什麼的時候，會在前面加上「呃……」之類沒有意義的詞彙。

只是這種程度的話大概還屬於無罪或小罪的範圍，不會構成什麼大問題。在此我想談的是本來有意義，卻被使用者無心掛在嘴上的詞彙。

比方說，用「謝謝你」表達感謝、「嚇死我了」表達驚嚇，這些詞彙原本都有明確的意義，卻有人會當成無意義的詞彙使用。本書將這種使用方法定義為「無意義型」的用法。

而無意義型用法最具代表性的詞彙，就是男性的「對不起啦」和女性的「好厲害喔」。依據情況，這些用法有時其實罪孽深重啊！

請記住女性善用「誇飾法」

我想問問男性讀者，是否曾因為一點小事，被女性稱讚「好厲害喔」之後，就覺得自我感覺良好？

很遺憾，那可能只是無意義型的「好厲害」。我已經從很多女性身上驗證，這一句話就像是國樂中的「過門」一樣，是為了讓對話順利持續下去的發言。

語言學家羅賓・萊考夫（Robin Lakoff）指出，女性語言的特徵之一就是「誇飾」。而女性掛在嘴邊的「好厲害喔」正是其中一例。

以英語會話來比喻，或許會比較貼切。當對方說「How are you?」（你好嗎？）時，就算過得馬馬虎虎或者過得不好，英文母語者也會像這樣接下話題。

「Pretty good!」（好到不行！）

「Great!」（很好啊！）

英語本來就有「誇飾」的文化，所以將女性的「好厲害喔」歸類到這個等級也不會有任何問題。也就是說，把這句話當作「交際應酬」才是正解。簡單來說，這句

「好厲害喔」大概是「嗯（所以哩？）」的意思。

因此，男性在用盡全力自誇之後，就算聽到女性說「好厲害喔」也不要太得意忘形。謙虛非常重要。

此外，還有一點要注意，即便是無意義型的語言，也不要吐槽對方「其實妳根本不覺得厲害對吧？」這樣會破壞現場的氣氛喔。

切勿繼續攻擊已經道歉的男性

或許會有男性認為女生的「好厲害喔」是「很過分！簡直有罪」的行為，但千萬別因此責怪女性。因為這種無意義型的用法，男性也經常使用。

請各位男性讀者仔細回想，自己對女性說出「對不起啦」的情況。

你真的有心道歉嗎？或者，你是不是抱著「先道歉再說，不然惹她生氣就麻煩了」的心態呢？我想很多男性心裡有底。

然而，男性也是有苦衷才會使用空洞的「對不起」。

對男性而言，女人心非常複雜。德國波鴻魯爾大學雪佛等人的最新腦科學研究指出，相較於了解同性的情感，男性必須耗費兩倍的心力才能了解女性。

人類透過共鳴了解對方情感，但男性掌控情緒的腦內扁桃體無法順利產生共鳴機制。因此，男性往往會因為「不知道為什麼惹對方生氣」或者「無法理解為什麼對方要為這點小事動怒」，而把無意義的「對不起」當成一種逃避的手段。

也就是說，男性的「對不起」是對未知女人心感到恐懼，想要保護自己才會這麼說。男性想藉由道歉降低增加危害的可能性，這是心理學上的一種「適應機制」（防衛機制），也就是所謂的逃避行為。

女性在這個時候已經處於優勢

換個角度想，當男性說出謊言般的「對不起」時，女性已經處於優勢。因此，不需要再繼續攻擊「你覺得自己哪裡錯了」，只要告訴對方「以後不可以再犯」就該收手了。

可能會有女性無法認同無意義的道歉，這時不妨說「你的確該道歉。你自己說要找餐廳，結果又忘了……以後要注意」，以具體內容做說明式的總結。

比起多工運作，男性的大腦更適合單工運作，所以偏好合理而且具體的內容。

如果能做到這個程度，男性應該就能稍微了解處於未知世界女性的真正心意。此外，如果女性能加上一點讚美的語言，例如：「你上次找的餐廳真的很棒，所以我很期待！」效果一定會更好。男性是靠尊嚴生存的生物，而這是在照顧對方尊嚴的同時，傳達自己要求的體貼型表達戰略。

話雖如此，即使做到這個程度，根據對象不同還是會有人無法理解或覺得被攻擊而動怒。以上僅供參考，最重要的還是要看對象慎選應對方法。

男女互相了解的關鍵

男人不要太得意忘形

不要得意忘形，但也不要向對方確認「妳真的這麼認為嗎」，照平常的感覺繼續對話即可。假如對方的「好厲害喔」是真心的，並非無意義型的用法，便會在之後的對話中不斷透露出對你的尊敬，等那時再來得意也不遲。

女人要懂得原諒

雖然對男性沒有誠意的「對不起」感到焦慮，也最好不要咄咄逼人。最和平的方式就是告訴對方「你知道就好」。收起自己的武器，畢竟能原諒的人就是贏家。

CASE 2

男女用詞從基本就大不同

男性粗魯，女性有禮

這裡要從大家都知道的男女基本用詞傾向，也就是為什麼男性偏好粗魯的語言，而女性偏好禮貌性的語言談起。

男性偏好使用「白癡」、「好呻」、「好強」、「真屌」等粗魯詞彙的原因，其實來自所有語言都能觀察到的現象。

最普遍的原因之一，就是社會中存在「粗魯＝男人味＝強大」這種（半帶誤會）的認知。這是一種雄性動物本能煽動出來的欲望，讓男性會想藉由使用粗魯的語言，彰顯自己的強大。

女性的溝通主軸在於建構人際關係，相對來說，男性則是為了競爭而溝通。男性之間的溝通模式，舉例如下：

A：「我昨天打柏青哥，贏了五萬！」

B：「真假？我上禮拜贏了七萬。」

A：「七萬？好屌！」

B：「可是我得意忘形大撒錢，沒兩天就花完了。」

像這樣，B對A的發言雖然或多或少用開玩笑的方式回應，但也說出自己贏了多少（而且還闊氣地花掉）之類的競爭性言論。

互相比較誰比較厲害或者誰擁有更好的資訊，就是男性對話的特徵。

男性競爭，女性協調

相較之下，女性的對話比較接近這種感覺：

A：「我昨天買了這個。」

B：「好可愛！妳在哪買的？」

A：「在表參道的〇〇。」

B：「啊，大家都說那裡很棒！我下次也要去逛逛。」

和男性不同，女性不會互相競爭。女性會稱讚對方說的話，說話經常以和對方同調、有共鳴為目的。

男性的溝通是為了競爭，彼此比較自己多有男子氣概、多強大、多占優勢。因為男性繼承了自太古時期就演化成最適合狩獵的基因，而且會想要向女性彰顯自己是擁有強大基因的人。

因此，男性才會偏好粗魯的語言。從吵架時說話就會變得粗魯也可明確了解，粗魯的語言會彰顯男子氣概。男性通常會在不自覺的情況下，說出粗魯的語言。

女孩會被罵，男孩卻沒事

在社會語言學中，女性說話比男性禮貌有幾個原因。

第一個原因是大多數的社會中男性較占優勢，女性的社會地位不高。因此，女性會想藉由社會評價高的說話方式挽回劣勢。

從女性說話的方式就能知道該社群中正式的語言，也就是標準的說話方式。

第二個原因是社會對女性的期待是清正廉潔、禮儀端正，要求女性行為舉止和措辭都要端莊大方。因為這樣的社會期待，讓女性容易以標準型的方式說話。

基於社會的期待，即使男性使用粗魯的語言也會獲得諒解，而女性若使用粗魯的語言就會讓人產生負面印象。

這也是為什麼在訓斥兒童的用字遣詞時，女孩會被指責：「女生不能說這麼粗俗的話」，而男孩卻不會遭受指責。

話雖如此，最近這種男女差異已逐漸減少，語言變得越來越中性。就某個層面的意義而言，這也可以說是社會慢慢實現男女平等的證據。

男女互相了解的關鍵

男性只要使用得當，也能把粗魯的語言變成武器

儘量避免使用粗魯的遣詞，看起來才會有高尚社會人士的樣子。另一方面，若能看準時機應用得當，便能在正式場合營造出風趣的氛圍，或呈現率直的情感。例如：「我一聽到那件事，馬上心想『喂，哪有人這樣的啊』！」就像菜刀依據不同用法，有可能是方便的廚具，也有可能是凶器，請務必善用粗魯的語言。

女性請積極使用美好的語言

女性是一種被社會要求保持儀態端莊、追求美好事物的生物。無論內外在、遣詞用字都追求美感，努力保

持崇高的品格。這是一件很棒的事，既然使用了美好的語言，就不要負面看待，而是以正面積極的心情，告訴自己美好的語言是在磨練自己的內在美。

CASE 3

婉拒對方邀約，該怎麼說才對？

「不知該做何解釋的回答」只能自己推敲真意

比起約志同道合的同性友人用餐，邀約喜歡的異性更需要數倍勇氣。尤其對沒自信的男生來說「吃飯＝約會」，所以邀請對方用餐需要下定決心。對已經很習慣這種場面的人而言，可能會覺得「這又沒什麼」，但對有些人來說，的確需要數倍甚至數十倍的勇氣。

然而，對女性來說，這種邀約大多都只是單純的「吃頓飯」而已。有時的確只是吃頓飯，但有些人鼓起勇氣安排重要的活動邀請對方用餐，卻得到不知該如何解釋的回答。各位有沒有過這種經驗呢？

「啊，看起來好好吃喔。」（呃，我不是說我拚命查了好吃的餐廳嗎？所以是去還是不去？）

「我考慮一下。」（考慮？那是多久以後才會有結論？）

得到這種回應時，有些人可能會直接把括弧裡的心聲說出口。

然而很遺憾的是，這種「不知如何解釋的回答」大多都可以視為委婉的拒絕。

其中，最具有代表性的句子就是——男性的「我很忙」和女性的「如果時間允許的話……」

真的想去的話，在還沒去之前就會呈現「我想去、我想去！什麼時候要去」的狀態，即便對方比自己年長，也會使用一些比較隨性的詞彙。

為何不能說「我和工作哪個比較重要？」

我認為男性的「我很忙」，說得難聽一點就是「我對妳沒興趣」或「我沒辦法為了妳動用寶貴的時間」。

根據提供看穿男女差異、男性心理的網路媒體「Menjoy!」以五百名男性為對象的調查指出，針對問題：「如果女友的生日或紀念日和工作撞期，你會以哪一邊為優先？」有六成以上的男性會選擇工作。

當然，其中應該有人是真的忙到抽不開身，或是認為自己應該幫助同事而選擇工作。不過我們至少可以知道，如果是沒什麼興趣的邀約，很多男性都會選擇工作。

當男性說「我很忙」的時候，女性最不能回的NG金句就是「我和工作哪個比較重要？」雖然女方無法接受也是情有可原，但這個問題不管怎麼回答都只會讓雙方變得更不幸。

如果老實說工作比較重要，氣氛會變得很差。依照情形不同，甚至有可能會大吵一架。而且男性就算想要矇混過關，謊言只會像滾雪球一樣越滾越大，總有一天會露出馬腳。

相反的，如果覺得女方比較重要，男方也會心生不滿：「妳來約我，我當然很高興，但就真的沒辦法啊！」如果是夫妻的話，男方反而會覺得：「我是為了妳才努力工作耶……」然後因此受傷，很有可能會變成使愛情冷卻的導火線。

然而如果妳認為喜歡的對象「覺得工作比較重要那就和我不合，算了吧！」或者認為「男朋友比較重視工作的話，乾脆分手好了」，那麼追問原因也是無可厚非。

男性用工作當藉口，女性用曖昧的回答來逃避

另一方面，很多女性認為工作和私生活都很重要，除非工作非常繁重，大多不會用工作當作藉口。**男性和女性對工作的想法不同，大多數的情況下，男性是為工作而生的「Life Work」型，女性則是為生存而工作的「Rice Work」型。**

因此在拒絕邀約時，男性會把工作當成正當理由，而女性雖然不會拿工作當擋箭牌，卻會以「嗯……有時間的話……」的模糊方式回答。

男性會用和吃飯一點關係也沒有的工作回應，女性則是會用不清不楚的方式回答，這兩種方式都隱藏著非字面的其他意義。

在語言學界，有所謂的合作原則（Cooperative Principle），這是由保羅・格萊斯

提倡的理論。

人類在表達意見時，基本上會遵守合作原則，合作原則包含「量」、「質」、「關聯性」、「方式」等四個準則。

- **量的準則**：控制資訊在不多不少的適當範圍內。
- **質的準則**：不能說出顯而易見的謊言。
- **關聯性準則**：說話內容必須切題。
- **方式準則**：不用模稜兩可或者難以理解的方式傳達。

說話者會遵守上述原則，而聽眾則以對方會遵守原則為前提聆聽。如果對方故意破壞這些原則，聽眾就必須思考原因，表示話中另有「含意」（語言背後的意義）。例如被問到年齡，回答「哎呀，今天天氣真好」違反了關聯性準則，表示話中蘊含「我不想回答這個問題」的含意。

而男性使用「逃避」的回覆方式，其實就是違反了關聯性準則。刻意改變話題，就表示不想談原本的話題，因為他不怎麼想跟妳一起吃飯。

另一方面，女性使用「模糊的回答」，則是違反了方式準則。**無論如何，本來可以很簡單用「好」或「不好」來回答的問題，卻刻意反其道而行，背後的理由就是「因為不怎麼想去」**。

因為認為說「不」會傷害、刺激對方，所以男性刻意用沒有關聯性的事情當藉口，女性用不清不楚的表達逃避。因此，只要對方沒有明確回覆，基本上都可以當作拒絕。

像這樣在說話時多加上「一道工」或「加油添醋」，是一種表示背後別有意義的語言現象。若是能掌握或看穿背後的意義，就能成為語言溝通大師。

當然，一定也會有真的很想一起吃飯，但工作太忙、行程滿檔的狀況，這時最好乾脆拒絕。只要不是因為不想和對方吃飯而拒絕，之後一定還會有機會。

男女互相了解的關鍵

男性要懂得等待下次的時機

默默接受失敗吧！接受失敗下次才有機會勝利。如果繼續追問「那妳什麼時候有空？」女方只好拔出明確拒絕這把刀，可能會讓戀愛的火苗徹底熄滅。

女性要克制窮追猛打

就算再怎麼不滿，也不要問對方「我和工作哪個重要？」不妨用「等你工作告一段落再告訴我……」的方式，稍稍表達自己的不滿就好。如果男方很重視妳，一定會覺得很抱歉，想要安撫妳。

CASE 4

想和對方更進一步的一句話

邀請喜歡的人去吃飯，太好了，對方說OK！

然而，現在高興還太早了。對方答應一起吃飯，只是在漫長戰爭中打贏第一場仗而已。應該有很多人一起吃過很多次飯，卻止步於「經常一起吃飯的飯友」，而無法順利成為情侶。

話雖如此，還是很難提起勇氣告白。不只你而已，很多人都這樣。

依據狀況不同，你喜歡的人說不定也和你有一樣的心情。對方也可能喜歡你，而且正悶悶地想著「好想趕快和他在一起」。

如果男生問「現在有男朋友嗎」，或是女生說「你一定很受歡迎吧」，就表示這個讓你鬱悶的對象可能想多了解你，想要比朋友更進一步，所以鼓起勇氣說這句話。

這些問句背後可能蘊藏著「我想和你交往」、「想多了解這個人」的心思，從「妳有男朋友嗎」的問題，就可看出對方真正的意圖。因為問這種私人的問題，本來就已經越線進入對方的心理領域，所以抓對時間點開口很重要。

女性請不要說謊，明確拒絕對方

首先，請思考男方說的「妳有男朋友嗎？」

男性如果有想追求的人，說話方式多少會有點迂迴，據說幾乎都會問這個問題。**這句話就像「刺拳」，表示想直接打探對方的戀愛狀況**。不過也有可能只是單純在話題中聊到，所以順便問一下。

每個人都有自尊心，都不願意受傷，所以會想避免告白馬上就被回絕。因此男性會用各種方法查探對方有沒有男朋友、有沒有自己可以介入的餘地。

我想女性應該也曾遇過只把對方當成朋友而非戀愛對象，但對方卻問自己有沒有男朋友的情況。這時請不要說謊，如果對方是自己不想交往的對象，應該有很多女性會想避免回答「沒有」之後，對方向自己告白或是窮追不捨的情況。

不過，明明沒有男朋友，卻為了應付當下的局面謊稱有男友，同席的朋友很有可能會吐槽妳，謊言被戳破也很尷尬。

語言學家羅賓·萊考夫指出，女性有迂迴、模糊的表達傾向。只不過，模糊的回答會讓人產生無謂的期待，可能會衍生不必要的告白或相近的行為，所以最好誠實告訴對方「不打算和你交往」。

如果不明確拒絕，對方死纏爛打堅持到底，妳甚至很有可能會因此和不喜歡的人交往……最後戀愛變成了妥協的產物，日後一定會產生很多不滿。

男性如果對對方沒什麼興趣就委婉拒絕吧！

相較之下，當女性說「你一定很受歡迎吧」，比男性問「妳有男朋友嗎」更容易處理。

這種說法當然也有可能是單純的客套話，不過女性比男性更重視人際關係，與人交往時通常會採取防禦態度慎重發展，所以女性不會對討厭的人說出這句話。

也就是說，當女性對你說「你一定很受歡迎吧」，雖然不能斷定戀情有望，但她不討厭你的機率非常高。一方面是女方對你多少有點興趣，再加上這是正面的評價，表示她正迂迴地想打探你的女性交友關係。

假如喜歡的女性對你這麼說也不要太過期待，請謙虛以對，不妨先說：「沒有這回事，而且我現在也沒有女朋友。」、「沒有耶。我喜歡的人也沒有喜歡我啊。」

如果是不感興趣的女性來邀約「一起去喝一杯」，則可以用「我之後看一下行程」讓對方有面子，採用這種模糊的說法即可。或委婉地說「好啊，大家一起去吧」，用這種避免兩個人獨處的說法也是不錯的應對方式。

當然，最好的狀況是不需要太在意對方的心情、不說謊，不過比起直接說「我對妳沒興趣」還是採取和平的方式比較好。不過，也有女性能夠接受直接拒絕，所以若你拒絕後對方仍然不放棄，就可以用「我女朋友會不高興」等說法直接回絕。

基本上，各位男性讀者不需要思考什麼太複雜的說法，女性的生物使命之一是延續物種、繁衍子孫，必須保護在體內孕育的生命，所以避開危險的能力自然而然比男性高。

另外女性在延續物種的使命上，相較男性大多以負責照顧孩子為主。因為必須了解孩子細微的變化、發現孩子身體狀況的異常，所以女性的觀察力比男性更優越。

加州阿蒙診所的醫師，曾用ＣＴ斷層掃描研究，發現女性的腦部血流比男性多，腦部活動也比較活躍。或許從這一點就能證明女性的共鳴能力高於男性。

女性將這種敏感的探測功能，廣泛應用在生活中所有地方。簡單來說，無論你怎麼圓謊，都很有可能會露出馬腳。既然如此，不如用簡單易懂的方式拒絕，反而會提升好感度。

由於女性比男性敏感，很容易因為一點小事而受傷，所以基本原則就是用婉轉的方式表達。

男女互相了解的關鍵

男性莫著急莫慌張

基本上當女性對你說「你一定很受歡迎」的時候，表示至少對方不討厭你。如果你也喜歡對方，這就是縮短彼此距離的好機會。不過，如果是誤會的話臉就丟大了，所以不要馬上就下定論，擅自認為「她喜歡我」！

女性可以選擇曖昧地回應或者明確拒絕

如果喜歡的男性問妳「有沒有男朋友」，婉轉地說「沒有啊，你想抽號碼牌嗎？」就表示給予對方告白的機會。

若對方並非妳喜歡的對象，隨便用曖昧的方式回

答，很可能會演變成麻煩的局面，就長遠的眼光來看，誠實告訴對方沒有交往的意願才是正解。

專欄1

表面語言中蘊含「後設表達能力」

聽到「妳有男朋友嗎」這句話，背後隱藏著「我想和妳交往」的意思，應該沒人會驚訝地說：「這怎麼可能？」因為人類在日常生活中本來就會用這樣的方式說話。

這在語言學上，稱為「後設表達能力」。也就是說，人類可以解讀表面語言背後的意圖和意義。正因為人類具有這種能力，所以能夠了解譬喻和諷刺。

有無後設表達能力，便是人類語言和動物語言之間最大的差異。無論是海豚還是黑猩猩，動物都無法理解或說出含有言外之意的話。

這也表示，後設表達是比了解表面意義更高層次的能力。因為後設表達需要高度的能力，所以相較於只有表面意義的對話而言，要來得更費工。勞心勞力的對話很費神，因此懂得察言觀色的人會得到良好評價。相反的，經常被罵白目的人，大多缺乏後設表達的能力。

另外，不只解讀對方真正的心意，當自己說話的時候也需要後設表達能力。譬如日文中的尊敬語文法。刻意選擇很難的尊敬語，就表示查覺到當下的氛圍，明白對方是需要說敬語的對象。尊敬語比一般的用字遣詞還要難，雖然麻煩卻也更突顯敬意。

比方說，我們經常在便利商店聽到店員說：「請問這樣可以了嗎？」之所以刻意使用不必要的過去式，和使用尊敬語其實是相同的道理。

雖然遣詞用字並沒有正確答案，但透過使用本來不需要的過去式，以時態避免過度直接，讓句子添加婉轉度，即使這麼做比較費工，卻也達到彰顯禮貌的功效。

CASE 5

想吃對方的食物時，男女這樣說

女性比男性更在意他人的眼光

你在吃飯的時候，如果身邊的人也想吃一點，大概會對你這樣說——

男性：「給我吃一口。」

女性：「看起來好好吃喔！」

男性會直接說「給我吃一口」所以比較簡單，但是女性就不會直說。

像這樣男女出現大幅落差，其實並不限於想吃對方食物的情況，而且這樣的差異並不稀奇，接下來將針對女性的心情講解。

為什麼女性會選擇和原本意圖稍有差距的說法呢？這是因為女性不想讓男方覺得自己「很貪吃」。

女性的「自我監控」（Self-Monitoring）能力很強。所謂的自我監控，就是隨時注意別人如何看待自己。觀察對象不限於外觀或行動，思考、情感也包含在內。

簡單來說，女性比男性更在意他人的眼光。因為不想讓男方覺得自己很粗魯，所以就算想吃，也不會直接說「給我吃一口」。

這種自我監控的意識會呈現在各種行動上。例如在人煙稀少的深夜，去便利商店買東西，自我監控意識較低的人，不會用口罩遮掩素顏，甚至在睡衣外加件外套就可以出門。

相反的，自我監控意識較高的人，沒有好好打扮就無法出門。就女性來說，應該也有人好不容易才卸完妝，之後臨時要出門還是得化妝不可吧？

另一方面，如果是男性，頂著睡到歪掉的凌亂頭髮、上衣的下襬露在外面照常出門的也大有人在，甚至還有喝酒之後就會想要脫衣服的驚悚人物。無論如何，自我監控意識高的話，就不可能有這樣的行為。

男性也有自我監控機制

如果只看這些例子，會感覺不誠實的都是女性，但其實男性的「給我吃一口」也有說謊的成分。只不過，這種說謊和女性的方向不同。

說謊的地方在於「一口」的部分，因為這種時候，男性通常心想「對方答應的話，能吃多少就吃多少」。

假設你正在吃拉麵，一旁的男性友人說「給我喝湯就好」，十有八九心裡都想著「可以的話，麵跟其他的配料都給我吃最好」。男人就是這樣的生物。如果你對他說「麵也可以吃」，對方一定會露出小狗般閃亮亮的眼神。

雖然程度不及女性的「看起來好好吃喔」，但是要說「全部都想吃」、「給我多一點」還是會覺得不好意思。在這種微微的自我監控意識發揮作用之下，男性選擇用「一口」來封印真實的慾望。

在此，我希望各位留意的是男方的個性。當你覺得可以讓對方多吃幾口而說「想吃多少就吃多少」的話，有些人會默默地吃掉一半左右。因此，在答應對方的同時，還要注意說話方式。

從女性的角度來說，尤其是肚子餓的時候，還是會想避免對方取用過度的狀況吧？拿小盤子分裝適當的量，告訴對方「這給你吃」或許是最和平的解決方式。

順帶一提，根據情況不同，無論男女也都有可能不是真的想吃。對方有可能是想說些禮貌的客套話，就像過場的無意義型稱讚一樣說出「給我吃一口」、「看起來好好吃」。因此，說話時請多觀察對方的語調和表情。

男女互相了解的關鍵

男性請主動引導

女性會不好意思直接說「給我吃」，所以請主動告訴對方：「這很好吃，妳要不要吃吃看？」雖然對方有可能不是真的想吃，而是真心覺得看起來很好吃而已，這時只要順著女方的回答行動即可。另外，我們也不能排除無意義型的「好好吃」。這時，請在主動提出讓對方吃吃看之後，觀察對方會有什麼回應吧。

女性請設下範圍

如果認為對方吃多少都沒問題，說「你可以吃」當然OK。然而，當妳肚子餓，只希望對方吃一點的話就

要注意了，必須自己先分裝好分量，或者告訴對方「真的只能吃一口喔」，藉以表達自己可以允許的量。

專欄2

客觀溝通的男人，主觀溝通的女人

眼前有美食的時候，男性會直接說「給我吃一口」，女性會用「看起來好好吃喔」來委婉表達。對於男女之間的說法差異，應該會有人覺得奇怪吧。

關於這一點前文當中也有類似案例，男性用「（工作）很忙」直接說明理由，而女性則會用「如果時間允許的話……」不說明具體原因，以更大範圍回答問題，和這裡提到的例子一樣採用相同的模式。

剛才提到的語言學家羅賓．萊考夫也觀察到女性偏好迂迴的說話方式。相較於男性有話直說，女性習慣在話語中留下緩衝，這一點其實在各種情況中都是共通的，也是貫穿本書的重要元素。

女性和人對話時，有先「架橋」再深入談話的特性。表達己意，讓對方了解自己。藉此朝對方的內心架起橋樑，開始具體的談話。

我想應該有很多男性覺得「女性和女性之間很快就會變得熟稔」。

在餐會等場合中，初次見面的女性只要有一些共通點，馬上就會變得像朋友一樣……你應該好幾次都被這樣的情景嚇到吧？這也是擁有卓越共鳴能力的女性大腦獨特的特徵。

美國杜克大學的歐伯等人，讓一群男女觀看法庭中律師與證人之間的對話，再讓這群人評價律師的才能。

結果，男性著重經過對話獲得的成果，以此評價律師的能力，而女性著重律師和對方建立起什麼樣的人際關係並以此評價律師的能力。從這一點也能了解，女性較重視主觀概念。

女性在談工作的時候，也會先從自我介紹和興趣等架橋的行為開始。

相對而言，男性會突然直接說重點，不需要交情好也會有話直說，例如在餐飲店工作，突然告訴對方「這種餐點就這樣做」，在男性之間對話也能成立，所以就算一起工作一整天也不見得會縮短彼此距離。

像這樣，女性會先架橋再對話，稱為「主觀型溝通」（Rapport-talk）。順帶一提，Rapport 原為法文，這裡只是轉成英文而已，其實意義相同。

另一方面，男性重視事實的對話稱為「客觀型溝通」（Report-talk）。主觀型溝通和客觀型溝通，皆為社會語言學家黛博拉・坦寧所提倡的概念。她指出男性的溝通特徵在於客觀且正確地傳達事實和資訊。

如此想來，男性的確經常傳送只講重點、沒有標點符號的訊息。相對而言，也可以了解女性為何經常使用愛心符號或圖案文字、表情文字。因為女性認為建構雙方關係時，營造良好氣氛非常重要。

偶爾有些女性會說「我不就是○○嗎？」而對方可能聽都沒聽過。這種時候雖然很想吐槽對方「我哪知道啊」，但這種說話方式其實也是一種主觀式溝通，想先傳達自己的資訊再繼續對話。

這是消除和對方之間的界線、站在同一個立場說話的高級技巧。在心理學領域稱為「自我坦誠的互惠原則」。也就是說，只要先公開自己的資訊，對方也會主動開誠布公。

這是重視共鳴的女性特有的溝通風格，女性藉由自我坦承「我不就是〇〇嗎？」試圖讓對方回答「我也是〇〇啊！」讓對方也自我坦承並且有所共鳴。

CASE 6

情緒激動時的說話傾向

女性比男性更難安撫

明明只是稍微挖苦一下，結果不知不覺變得很嚴重，甚至演變成吵架。如果這時能夠了解冷靜與熱情之間的平衡點，或許只要再稍微忍耐一下，就能避免吵架的情況。

基本上，男性偏向批評對方的「行為」，女性則偏向批評「性格」或「人格」。例如，男性會說「囉嗦」、「好煩」，而女性則會說「噁心」或「生理上無法接受這個人」。之所以會有這種傾向，是因為男性和女性大腦的使用方式不同。

女性連通左右腦的腦樑比男性發達，比較容易使用整個大腦思考。針對男女之間的大腦差異，最近的研究出現越來越多的否定意見，學界也還在爭論中。

簡單來說，男性會注意細節，女性會注意整體。用樹木和森林比喻的話，男性只看到樹木，而女性會縱觀整片森林。

因此，男性的憤怒只會針對一件事情，例如：看不慣對方的發言、眼神或工作方式等等。另一方面，女性則容易情緒化，雖然會被說是不可理喻，但由於女性善於同時處理各種資訊，所以不像男性只因為一種理由動怒，而是集結各種元素之後，以某件事為契機發生連鎖效應，突然在一瞬間爆炸。

像是最具代表性的「噁心」，就是一個很好的例子，女性會以氣氛為由，突然就無法接受某個人，不過那是因為之前已經累積很久，最後這份怒火才爆發。所以，女性的憤怒不能歸咎於個別發生的事件。而只見樹不見林的男性，往往會搞不清楚原因而感到困惑。

因此，若想在吵起來之前讓對方冷靜，當對象是男性時，只要安撫眼前發生的事件就能應付。另一方面，當對象是女性時，就必須安撫讓對方覺得不高興的所有元素，所以老實說難度非常高。

忍耐到火勢減弱並盡早解決火源

儘管如此也不需要失望，即便對方已經情緒化到快要吵起來，只要你自己保持冷靜就有辦法解決。

無論原因是局部性（男性）還是整體性（女性），憤怒就等於是大腦最原始的部位起火，在數秒或數分鐘內就會燃燒完畢的短暫性小火災。

認為「怎麼可能」的人，通常都是在開始吵架之後，就會和對方激烈交鋒，持續為這場火災補充燃料。

如果只有一個火種，火勢絕對不可能持續太久。**重要的是自己必須冷靜，耐著性子傾聽對方的說法**。接下來就是等待滅火，待控制火勢之後，就要盡快安撫火源。

若對方是男性，可以朝解決個別原因的方向行動。若對方是女性，就算你認為原因只是「一點小事」，其實也不過是冰山一角。你必須了解直到對方發火之前，已經累積各種不滿，最好壓下想回嘴的衝動，一邊道歉一邊引導對方說出想法，讓對方好好發洩一番。

男女互相了解的關鍵

男性千萬不要在對方生氣時火上添油

當你覺得女方「已經開始情緒化」的時候，最好先認錯並道歉，接著請靜靜等待對方的怒火消散。

無論乍看有多麼不可理喻，你都不能變得情緒化，和對方硬碰硬。只要能迅速處理，滅火絕對不是不可能的任務。

女性只要安撫對方局部性的憤怒點即可

其實，隨便對應反而可能會火上添油。

然而，各位女性朋友應該已經累積不少調教這些麻煩男性的經驗。不要否定男性莫名強烈的自尊心，讓對

方盡情說完想說的話，只要能安撫這些局部性的原因，對方應該就會慢慢冷靜下來了。

CASE 7

這麼說，表示對方真的動怒了

男性看到的是森林中的樹木，女性看到的是整片森林

前一篇針對男女情緒化的情況進行解說，男性只見樹木、專注於單一事物，而女性觀照整片森林、掌握整體事物的特徵，這點在憤怒時會特別顯著。

男性會因為森林中的樹木——也就是單一的行為生氣，所以會用「不要再○○了」的說法，以指出具體行為的方式批評對方。

另一方面，女性會因為整片森林——也就是所有狀況生氣，所以會斷絕和對方有關的一切，告訴對方「夠了」！

和對方處不來的時候，男女之間的應對方式也有明確差異。比方說，只見樹木的

男性很愛詭辯，所以在改變話題之前會先說出自己目前的不滿，試圖辯贏對方。

相反的，應對正在氣頭上的男性時，請注意細節並且把男方發怒的理由因數分解。雖然偶爾會有些男性就是想爭到贏為止，但想爭到贏就必須持續對話才行。**換句話說，只要讓男方盡情地說，左耳進右耳出地讓對方覺得贏了就好**。

挑對方的毛病、針對發言的內容批評，這些行為都能讓溝通持續下去。雖然很麻煩，但還算好處理。

男性最好「一開始就不要讓女方生氣」

相對來說，女性無法接受任何講道理的說法，比方說，「我不是要爭執那些細節，總之沒辦法跟你談下去」，女性通常會把自己關起來，完全放棄溝通，所以就男性的角度來看，使用尋常的方法根本無法應對。

即便如此，如果你還是想和正在氣頭上的對方溝通，就只能從架橋開始謹慎前進。也就是要改變溝通的「場合」和「場面」，**例如改變話題、氛圍、地點等，必須**

從對話的設定著手改變，架一道通往對方心中的橋樑才行。

當然，如果反過頭來生對方的氣，只會讓對方更加執拗。最理想的狀況是在對方爆發之前就先安撫，只是女性的自我監控能力強而且不太表現出負面情感，要盡早察覺女性的不滿的確是很困難的任務。只能平常就注意對方的表情、音調，培養發現細微差異的能力。

男女互相了解的關鍵

男性莫忘道歉與反省

應對女方發怒的方法其實很簡單，首先必須架一道橋，修復到對方願意聽自己說話為止，總之就是拚命道歉。不過，要打動已經關上心門的女性並不容易。請徹底反省，慢慢尋找溝通的機會。

女性只要堵住耳朵就OK

應對男性發怒的方法也很簡單，只要讓對方徹底說完想說的話，釋放壓力之後怒火就會消散了。雖然忍受男性真正發火時的言行舉止很辛苦，但如果想盡早滅火，就只能這麼做，之後火勢就會逐漸趨緩。除非對方

的歪理太不可理喻或是令人無法忍受，不然最好左耳進右耳出，盡量不要反駁。一旦反駁，愛詭辯又「想爭到贏」的男性就會一發不可收拾。

CASE 8

想終結話題時，男女這樣說

在前文中，我們提到了女性一生氣就想結束對話。

然而，這種情況不限於生氣，有時候聊天聊得正起勁，但自己是為了聊正事（和聊得起勁的話題不同）而和對方見面，或者之後還有別的約會或行程時，就會**「想結束目前這個話題」**，**這種感覺無論男女都會有**。

因此，本文將解說除了生氣時中斷對話的情形以外，當男女想結束話題時，會說的一句話。

男性試圖總結

男性：「簡單來說，就是〇〇對吧？」

女性：「對啊。」

如果對方突然這麼說，或許就是想結束話題的時候。男性也會用「也就是說」、「所以說」來做結尾。

這種目的相同但作法迥異的現象，也是源自男女之間大腦機制的不同。只看樹木判斷狀況的男性，會想在話題結束之前確實掌握事實。因此，男性偏好總結談話內容，拋出客觀性的問題，例如：「簡單來說，就是〇〇對吧？」或「也就是××對嗎？」

如果得到能接受的回答，就會用「其實我今天找你來是因為……」或者「抱歉，我等一下還有約……」等方式來回到正題、傳達要事。

相反的，當男性不滿意對方的回答時，除非真的沒有時間，否則很可能會持續

「呃……所以是△△嗎？」等對話，直到能接受為止。

女性試圖連結

另一方面，以整片森林判斷的女性，比起回答自己的感受，更重視在彼此互相搭起橋樑的狀態下結束對話。**因此，比起總結內容，女性偏向持續說出表示共鳴的主觀性語句。**

畢竟之前閒聊的話題也不是完全不重要，如果認為雙方之間的認知完全一致，很有可能會出現「對啊，那傢伙真的就是這一點不好」之類，附和對方的內容。

然而，女性仍然會將要和對方有所共鳴放在第一順位。若附和的方向錯誤，很可能會讓對方心情不好，所以只需要表現出有所共鳴的感覺即可。

這種男女之間的差異，或許可以簡單歸納為「男性試圖總結，女性試圖連結」。大家從這裡就可以發現，身為男性的我，還是會忍不住想做結論。

無論任何情況，只要注意到男女的方向性不同，就更容易了解對方話中的真意。

男女互相了解的關鍵

男性請記得「不是所有話題都需要總結」

凡事都想說清楚講明白的男性，只聽到表示共鳴的語句是無法理解的，所以會想逐一確認。一般情形下，女性或許會附和，但當你感覺到「她是不是想結束話題」時就該停下來了。如果這時還繼續死纏爛打，只會讓好感度跌落谷底。

女性如果「不想在這裡總結」就糾纏到底吧

當妳覺得對方話說到一半突然開始進行總結，很有可能就是他想盡速做出結論，結束話題了。如果妳附和，對方就能舒暢地結束話題。不過，若對方的總結不

太對勁，而且妳不想在被誤會的情況下結束對話，這時比起對方的情況更應以自己為優先，確實糾正對方說的內容。

CASE 9

敷衍地稱讚對方的一句話

其實根本沒有意義的「場面話」

大家很常聽到有些人屬於「稱讚才會成長的類型」或「被罵才會成長的類型」。無論是否真的成長，被稱讚應該沒有人會覺得不爽，受人肯定的「認同感」也是人類的基本慾望之一。

然而，即便是同性之間的對話，有時仍然會出現明明被稱讚，卻不覺得開心的時候。大家應該都有過這樣的經驗吧？這是因為對方的稱讚，並非真心。

也就是說，那只是無意義、隨口敷衍的「場面話」。所謂的場面話，其實從以前就有，甚至出現在字典裡。

辨別場面話最好的方法，就是注意對方說話的時候是否帶感情。例如噴著口水說出的「好強喔」算是可以相信，但低聲說出「好強喔」，可就有點微妙了。

最具代表性的場面話，男性會用「好強喔」，女性則會用「好可愛喔」。如果這些話聽起來是認真的，那就可以當作是對方真心稱讚，如果聽起來不像是認真的，很遺憾，這句話很有可能只是空洞的讚美。

然而，各位必須記住，即便「好強喔」和「好可愛喔」是隨口敷衍，仍然屬於讚美用語。

這種時候人們往往會覺得不滿：「怎麼可以說這種敷衍的話！」其實不需要每次都質疑對方是不是在說謊，請肯定對方說場面話的努力。**畢竟願意說出場面話就表示，對方認為你是具有某種價值的人。**

只能說「好強喔」的男人們

公司的上司向我炫耀我一點也不感興趣的高爾夫球分數；學長來聊我根本沒騎過

的重機，面對這種情況，男性只能回答「好強喔」，無法回答「我沒興趣」。這是因為工作上不能沒有上司，私生活中不能沒有學長。因為自己不是「無所謂的人」，所以才說場面話。

也就是說，千萬不能把場面話當成壞話，反而應該以「對方願意為了我說場面話真是太好了」的態度正面看待。

相反的，當自己附和別人的時候，必須注意不要一直說場面話。事先準備「真是帥氣的嗜好」或「真羨慕」之類的讚美語句，磨練自己的反射神經，以便時機一到就能派上用場。

女性的「好可愛喔」有三種目的

「好可愛」的語言特徵，就男性而言基本上是用在人的外貌和氛圍，而女性則是用在物品上。女性的「好可愛」大致可以分成三個目的：

①和朋友在一起時，互相稱讚「好可愛」以提升共鳴感，目的在於形成溝通的橋樑。

②女性特有的表達方式，就是將「好可愛」代替「很讚」的意思，目的在於營造女性氛圍。

③對真心覺得可愛的東西表達感動。

尤其是①和②的「好可愛」大多屬於場面話，需特別注意。

例如約會的時候，女性對店裡看到的商品以②的方式說「好可愛」。就算男性機伶地說「我買給妳吧」，女方也可能會回答「不用啦（我可能沒那麼喜歡耶）」，心靈脆弱的人可能會因此受傷。

然而反過來說，相同的約會狀況，在女方用③的方式說「好可愛」時回答一樣的話，對方可能會心花怒放地說：「真的嗎？你要買給我嗎？」

分辨這些差異非常困難，如果沒有累積對方的喜好、偏好等資訊，應該難以提升解答機率。

男女互相了解的關鍵

男性別透露憤怒的情緒

大多數的男性自尊心都很強也很執拗，自己喜歡的事物被人用場面話稱讚，往往就會得意忘形，或者馬上變臉。

「其實我也很常說場面話呢……」不妨像這樣好好反省自己，盡量不透露出憤怒的情緒吧。

女性請努力遺忘

女性並非自尊心不強，而是她們不想讓氣氛更糟，所以幾乎不會從說說場面話演變成吵架。

但是女性不會忘記受過的傷，女性的特質就是比男

性更會記恨。

這時請告訴自己「反正我也常常說場面話啊……」，然後忘掉一切吧。

CASE 10

希望對方聽自己說的一句話

截至目前為止，針對自己行動後對方回應的話進行解說。接下來，就從難以理解對方意圖的發言開始看起。

每個人或多或少都抱著想被對方了解的心情，這就是所謂的認同感。然而，認同感的型態男女各異。

我常說：「男人是認同感化身的怪物，女人是認同感化身的魔物。」我自認為這應該算是很了不起的名言。

所謂的怪物就像「貓妖」一樣，從人類變成另一種異形。不過再怎麼說畢竟基底還是人類，所以能預測行為模式。

相對而言，魔物就是虛擬世界中會出現的魔鬼，就像史萊姆或貝西摩斯一樣。這些是和人類截然不同的生物，也就是說它們不只難以預測也難以應對。

男人會突然開口說話，女人會先吸引對方的注意

因為我是男性，所以可能不太了解女人心。用「魔物」形容可能言過其實，但是的確有科學證據顯示，女性較容易有出人意表的發言。

如同之前數度提到的，女性比男性更能全面考量事物。因為同時處理各種資訊，所以會從男性想都沒想過的角度切入。

另外，想滿足認同感，也就是希望對方聽自己說話時，也顯現出男女大腦機制的差異。

這種時候，男性會用「我今天啊，在公司……」的說法突然切入正題，而女性會用「你聽我說啦——」來吸引對方的注意。

常言道：「女人說話本身就具有意義，而男人只會說有意義的話。」

使用部分大腦說話的男性只會提到談話內容，而使用整個大腦的女性，則觀照整

個說話的行為，所以會從進行對話的儀式開始。

另外，可能女性聽了會不太高興，但根據社會語言學的研究發現，就社會文化層面來看，女性的發言能力比男性低，所以為了吸引對方注意，說話時會使用加強抑揚頓挫的方式。

這裡的「你聽我說啦——」也是為吸引對方注意的行為。

然而，對於女性說的話，只看重點的男性大多會感覺到「說話才是對方的目的」，反而搞不清楚實際的內容，因此陷入疑惑。

導致包含我在內的眾多男性會認為「真的是魔物啊……」，並且為此感到混亂。

結果使得在對話中，男性花很多時間說明、解釋，女性則是花很多時間在經營前言上。

無論男女都要好好聽對方說話

無論如何，儘管入口的形式不同，但男女的共通點就是希望對方傾聽自己的心聲。為什麼人會希望別人傾聽自己的心聲呢？

基本上，人類是比起傾聽更偏愛說話的生物。無論是怪物還是魔物，都很需要認同感。

哈佛大學的塔瑪和米謝爾曾進行過一個實驗，他們請七十八名受測者談論自己或他人的性格傾向，此時發現大腦中與滿足感、快感有關的部分出現反應。也就是說，大腦很喜歡我們談論自己的事。

此外，在其他實驗中，實驗者告訴三十七位受測者只要聊和自己無關的話題，就能拿到金錢報酬。儘管聊他人的事情就能拿到錢，但平均還是有17%的人放棄，聊了自己的事情。結果，這顯示出聊自己的事情能夠得到金錢無法取代的快樂。

平常對話的時候，如果湧現想多聊聊自己的心情，可能就表示對方不斷單方面地談論他自己的事。

假設各位在聊天的時候一個勁地聊自己的事，恐怕會讓對方覺得「已經聽夠了，差不多該換我講了吧……」。

如果對方突然插話，即便有點唐突、不明所以，也請不要顯露出不滿或者感到奇怪，好好傾聽對方說話才是正途。就算自己正在說的話被中斷，也要先聽完對方想說的話，聽完之後再來思考該怎麼應對。

男女互相了解的關鍵

男性請默默傾聽

請先老實地傾聽對方想說的話，即便對方說的內容七零八落，也要繼續聽完。如果在對方開口前，都是自己一直在講話，那就更要好好傾聽了。這個世界上，懂得傾聽的男性出乎意料地少。請成為善於傾聽的人，好好提升存在感吧。

女性請一邊稱讚一邊傾聽

沒有先問對方就突然插話，乍看之下可能讓人覺得很野蠻，但這就表示對方想說話的慾望已經快要爆發了。請不要壞心眼地阻攔對方，讓他說完吧，想自誇的

人就讓他誇個夠。男性是沒有自尊心就無法生存的可悲生物。對男性而言，再也沒有比聽到他人稱讚（不淪為場面話的程度）更令人開心的事了。

CASE 11

想矇混過關時的一句話

人會有想找人傾訴的時候，但也有不想開口的時候。本文將針對不想被追問時，男女容易脫口而出的一句話進行解說。

基本上我們都希望對方了解自己，想和對方傾訴自己的事情，然而當我們不想開口時，表示什麼意思呢？

人們會變得不想開口，通常都是在話題對自己不利的時候，或是你發現話題可能會變得對自己不利的時候。

也就是說，因為繼續講下去會對自己不利，所以才會不想開口。

雖然也有例外場合，比方說談話對象是自己討厭的人，或者對話本身就很痛苦等等，本文將針對心裡有鬼、想矇混過關時的男女心理狀態進行探討。

男人裝傻，女人換話題

這種時候最常出現的關鍵句如下：

男性：「咦，我有說過嗎？」

女性：「話說回來，比起這種事，昨天那個啊……」

像上述說法一樣，男性會裝傻，女性則會試圖改變話題。

男性在說完「我有說過嗎」之後，大多會接著說明「我的意思其實是這樣」。大多數的情形下，這些藉口會和之前說的有點出入，或是論點較為集中。更讓人困擾的是，很多人會自信滿滿地說出讓聽眾無法接受，根本就是在雞蛋裡挑骨頭的話。

因為男性採用重視事實的客觀型溝通，他們認為只要細節不同就是完全不相關的兩件事。

所以，男性以為只要把話題硬轉到別處，就能避免自己被追問的窘境。（只不過，怎麼可能有這等好事！）

這就是見樹不見林、一根腸子通到底的男性思考模式。

無論男女，勝出的機率都很低

另一方面，女性會想要徹底換成別的話題，原因非常單純。因為她們知道，像男人這樣稍微錯開重點是無法矇混過關的。（沒錯！）

觀照整片森林，順從直覺、著重目的的女性，會綜合各種現象判斷事物。因此，她們不會從細節下手，而是徹底換掉最根本的基礎。

不過，女性的能力是非常不可思議的，應該有很多男性都覺得女性的直覺比自己敏銳。

其實，所謂的直覺是擷取過去和現在狀況的差異，再以此作為基礎推論的能力。

相較之下，女性發掘各種細節的能力較強。

這一點無論從哪個觀點來看，大家都有共識。一般認為這些女性的能力，是從人類漫長的歷史中累積而來。

說男性採用客觀型溝通、女性採用主觀型溝通，或許會有人因此抱有「女性不在意細節」的印象。

然而，女性其實也有注意到細部的變化，只是比起細節，女性更重視架起溝通的橋樑而已。

女性並非輕視事實，有時甚至比男性更審慎看待事實。**雖然不會錯過細微的變化，但最終還是以綜合的觀點看待事物，所以基礎不會輕易動搖，這樣想應該會比較容易了解。**

另外，在談到不想繼續深聊的話題時，因為女性早就洞悉「就算追究細節，基礎也不會有所動搖」，所以才會放出直接換話題的大絕招。

實際上，看起來雖然有些牽強，但比起男性的藉口，採取這種方式的獲勝機率反而比較高。

然而，我能肯定的是，無論用什麼方法逃避，女性獲勝的機率也只是比男性高一點而已，整體來看獲勝的機率仍然很低。

當各位聽到本文提到的逃避藉口時，就表示對方已經是砧板上的魚肉了。

男女互相了解的關鍵

男性思考要不要繼續追究

對方已經被逼到牆角了，這時最重要的是自己想要怎麼處理。如果真的想追究到底，只要告訴對方：「別轉移話題！」把主軸拉回來即可。如果認為沒必要繼續追究下去，那就順著對方的藉口換話題，莫再提起剛才的事了。畢竟人生在世，很多事情不要窮追不捨才會過得幸福啊。

女性思考要不要繼續演下去

如果妳想要繼續追問，請用「不是這樣的，我是說那天之後你完全沒跟我聯絡，和之前說的事情沒有

關係」等具體的要點，引導喜歡說明事實的男人吧。如果想放他一馬，儘管千百個不願意，也請配合對方拙劣的藉口，演出「原來是這樣啊，抱歉、抱歉」的戲碼吧。

CASE 12

希望對方體諒自己時的一句話

男人乾脆耍賴到底，女人試圖辯解

還不到吵架的地步，但稍微踩到雷有點爭執的時候，各位應該都曾聽過對方這麼說吧？

男性：「我個性就是這樣啊！」

女性：「我就是要花時間思考才能行動的人啊！」

若直接就字面上的意義解釋，對方是在說明引發爭執的行動或言論背後，有某種隱情。舉例來說：

假設有個男生總是不把襪子丟進洗衣機或洗衣籃，習慣亂扔在地上，而他有一個同居女友。

某天，女朋友工作累了一天，回到家打開玄關大門的瞬間，就看到走廊的正中央躺著男生隨手脫下的襪子，於是她比平常更嚴厲地告誡男友，結果兩個人就開始起了爭執。

這時男性有可能會乾脆耍賴到底，告訴對方：「妳不是知道我的個性就是這麼隨便嗎？」若角色互換，女性則會用「我太累就無法集中精神……」等藉口開脫。

儘管男女的說法不同，但用個性和本性當作藉口的時候，雙方都只想著一件事——希望對方了解自己。

以剛才的例子來說，男人希望對方接受總是隨手把襪子丟在地上的懶散個性。雖然這麼想，但直接說出來就等於承認自己輸了，所以才會找藉口。

男性和女性的藉口差異，與男性偏向理論性、局部性思考，而女性偏向感官性、綜合性思考有關。

首先，男性的說法將問題歸咎於自己的「個性」這項單一軟體，而不是自己這個人不好。反過來說，這種藉口恰好會讓女性覺得煩躁。也就是說，女性會認為「既然只有這點不好，那就改過來啊」。

另一方面，女性的說法則是將「人」本身視為硬體問題。就像一般房車的速度比不上跑車一樣，女性會用「我就是這樣，沒辦法啊」的說法回應。

為何半數的更生人都會再度犯罪？

那麼無論說法如何，都希望對方能夠改掉壞習慣的話，究竟該怎麼做才好呢？當然，人的個性是個人的意志，不可能輕易改變，人畢竟不像電腦可以安裝別的軟體。

根據日本法務省發行的犯罪白皮書（平成二十八年）指出，所有遭到逮捕的罪犯再犯率為48％。由此可知，被逮捕的人當中，至少有一半的人都會重蹈覆轍。而**再犯最大的原因，在於環境**。

就算更生人想要重新出發，但大多數人出獄後還是回到和被捕之前幾乎相同的經濟、社會環境中。即便本人想重新做人，但因為周遭環境毫無改變，就像墨汁滴在白紙上會漸漸暈開一樣，人們又會慢慢變回以前的自己。接著，就會產生再度犯罪的惡性循環。

因此，重點不在責備對方的語言或行為，而是讓對方發現以前的生活和環境都不對，並且營造出讓對方能夠改變的生活和環境。

企管顧問大前研一先生曾說：「人要改變只有三種方法。一是改變時間分配，二是改變居住地點，三是改變來往的人。」我認為這真的是一句至理名言。

問題在軟體也好、硬體也罷，如果各位能想到會變成這樣並不是對方的錯，他也是無可奈何，或許就能原諒對方了。

大腦喜歡新事物。腦科學家文賽克和杜賽爾透過實驗，證實大腦看到新事物時，會為了獲得回饋而開始探索。也就是說，只要改變環境，大腦就會因為新的刺激而開始充滿幹勁。

另外，在菲利普・津巴多知名的史丹佛監獄實驗研究中發現，扮演獄卒和扮演罪犯的人，行為都會分別變得像自己被賦予的角色。也就是說，人類的性格和行為會被環境改變。

各位不妨嘗試看看，別一味要求對方改變，而是要改變對方所處的環境。

男女互相了解的關鍵

男性請慢慢和女性溝通

女性會從架起溝通的橋樑開始進入對話，所以挑第一句話回嘴也不是辦法，不妨告訴對方：「我知道妳就是這樣的人，但我們可以想想該怎麼做才能改變自己。」慢慢展開彼此的對話。

女性請試著改變男性的周遭環境

雖然對男性的說法感到不滿，但對方若是妳重要的人，以長遠的眼光來看，要繼續交往下去就只能改變環境。如果真的是個性的問題，能夠改變男友個性的人也不多。簡單舉例來說，如果是襪子不會丟進洗衣機或洗

衣籃的問題，就可以在他平常隨手亂脫襪子的地方放個洗衣籃，這也是一個非常好的應對方法。

CASE 13

想自己靜一靜時的一句話

「為什麼不追上來！」

發現對方不對勁所以開口詢問，結果對方竟然說「閉嘴」（男性）、「別管我」（女性），反而讓自己覺得很不愉快。我想各位應該都有過這樣的經驗。這種時候，大多是對方想要自己一個人靜一靜。

然而，女性雖然嘴巴上說「別管我」，想要一個人獨處但也希望有人「（默默）陪在身邊」。而這種「口是心非的情感」，就是男人的天敵。

這和少女漫畫中經常出現的情景很像，譬如當女主角大喊「別跟過來」轉頭往外衝的時候，男主角真的站在原地時，女主角又會怒道：「你為什麼不追上來？」

有些男性會揶揄這種女性是「渴望關心症候群」，不過這種行為本身並不是壞事，而且還有所憑據。

女性鬧彆扭、唱反調、刻意惹對方生氣的原因，其實就在於認同感，也就是想得到對方的注意。

前文曾經提到過，人類對有異於常理的事物很敏感，就生物的角度來說，和平常不同的話就表示可能有危險，所以會特別注意。

從這個層面的意義來看，鬧彆扭、唱反調、刻意惹對方生氣，都是為了想得到對方的注意，才會做出有異於平常的行為。

也就是說，這些都是訴諸人類本能的自然行為。

不過這種情形仍然屬於少數，男性千萬不要因為女性說了這樣的話，馬上擅自認為「其實她想繼續和我在一起」，如果因此搞砸，可能真的會被對方討厭一輩子。

另外，男性應該比女性更少，但也不能說男性完全沒有在語言背後隱藏複雜情感的狀況。

就算不是性別認同障礙，也是有不少內心偏向女性化的男人存在。總之，請各位務必慎重判斷。

「不想回家」=「想待在一起」嗎？

順帶一提，我的朋友在十幾歲時，和年紀較長的女性交往。他們夜遊海岸時，女友對他說：「我不想回家。」

當時他以為這句話的意思，是女友不想見到平素感情不好的父親，所以不想回家。因此，他告訴女友「不行，妳必須回家，妳爸爸會擔心」，並且當場就解散回家，結果就因為這樣，我的朋友被甩了。

之後，聽別人說才知道，女友和其他朋友抱怨，那天是想和他待在一起，結果他不領情，硬是把女友趕回家了（苦笑）。

當時我的朋友不瞭解女友真正的心意，因為平常就聽說女友和父親的感情不好，所以擅自認為「怎麼回事？雖然能理解她不喜歡爸爸所以不想回家的心情，但要是她不回家就糟了」，所以才會說出像是趕女友回家的話。

因此，這件事基本上已經不是怎麼解釋話語的問題，而是他當時太青澀了。先不論現在的十幾歲青少年怎麼想，至少當時的青少年都是這種感覺。光是解讀錯一句話就導致這種後果，這的確是個非常好的例子。

男女互相了解的關鍵

男性必須看清對方的真意

基本上，直接道歉說「對不起」也是一種方法。不過，或許對方真的還想和你待在一起也說不定。話雖如此，事實上仍然沒有「當對方說〇〇的時候，就表示她這樣想」的一個確實判斷基準。這個部分請各位自行負責，我會為各位祈禱。

女性其實可以保持沉默

如果對方說「閉嘴」，那就按字面的意思保持沉默，這樣也不失為一種良策。放置怒氣一段時間就能得到控制，基本上對男性的話只要按字面行動就可以了。

或許冷靜一段時間，對方就會覺得「我好像說得太過分了」，心情也會跟著好轉。

CASE 14

希望對方察覺自己心意時的一句話

一樣都是「察覺」但意義大不同

需要認同感的人基本上都非常喜歡自己，所以才會聊自己的事情，希望得到他人的認同。然而，當人感覺疲累或覺得說明很麻煩的時候，也會懶得說話。

當你聽到對方說「稍微想一下就懂了吧？」（男性）、「你為什麼就是不懂我？」（女性）就表示對方已經懶得說話，很可能是希望你在最低限度的對話內察覺真正的心思。雖然光看字面會覺得這兩句話很類似，但其實意義大不同。

首先，男性的「稍微想一下就懂了吧？」在某種層面上，算是直接地傳達自己的想法。

男性認為女性會和自己一樣按照邏輯思考，所以深信只要做好下結論前的準備工作，之後對方就會自行推論並且了解自己的想法。因此，當推論不順利，男性就會覺得說明清楚很麻煩，並且將這種心情誠實地告訴對方。

另一方面，女性的「你為什麼就是不懂我？」並非邏輯性堆疊出的結論。

不只語言本身，女性還會綜合文脈、態度、表情、狀況、之前的來龍去脈、五感等各種資訊判斷結論。無法以這種方式運作大腦的男性，當然無法理解。

建議男性從「做便當」開始練習

在工作上也一樣，大多都是女性會發現細節，因為女性總是動用五感等各種感官在收集資訊。

使用這些感官收集、分析資訊，讓女性擅長預測未來、提前準備或者能做到馬上準備的程度。

假設今天和朋友約好要出門，早上發現天氣不太好，女性能夠馬上以如此複雜的流程下判斷：

「感覺會下雨」→「不要騎腳踏車，搭電車去吧」→「集合的地點也改在室內比較好」→「啊，我想去之前〇〇在ＩＧ上介紹的店，就約在那裡集合好了」。

換成是男性，應該只會單純覺得「可能會下雨」。另外，這種時候男性雖然會想到「要帶雨具」，但是如果沒有馬上準備，就會在做其他的事情時忘掉，最後仍然沒帶傘就出門。

我個人認為，無法兼顧細節的男性，不妨用做便當來練習。

比方說，為了在短時間內有效率地做便當，必須像「趁煮蛋的時候切菜」一樣，同時進行多種工作。

又或者，思考菜單的時候若要考慮不浪費食材、兼顧一定程度的營養和美味，就必須同時考量、判斷保存期限等多種層面。

此外，不只兼顧美味與營養，還要考量其他人怎麼看待這個便當。簡單來說，女性就連便當配色都會一併考慮。因此，我認為做便當對學習女性的能力（或者說瞭解女性平時的辛勞）非常有幫助。

男女互相了解的關鍵

男性看情況可以繼續追問

重點在於「能夠配合對方到什麼程度」。最好的應對方式就是先說「對不起」，再按對方的意思行動。然而，真的完全搞不清楚狀況的話，只能請對方「再多說一點」。雖然這麼做對方一定會更不高興，但半知半解只會出現令人困擾的情況，這種時候最好直接承認「我真的不懂」。

女性最好視對方的心情與話題的重要性決定下一步

基本上最好是多對話，確實共享彼此的想法和資訊。不過，這種時候絕對不能告訴對方：「你不說清楚

我怎麼會知道。」這麼做只會讓男方覺得妳是個麻煩的傢伙。一邊告訴對方自己能夠理解的部分，一邊問自己不懂的地方，（假裝）按照邏輯思考吧。

CASE 15

被戀人問「你喜歡我嗎？」的回應

這是對方行動之後的回答。延續前文的脈絡，本篇將介紹男性不再使用邏輯思考的例子。

一般而言男性採用邏輯思考，女性採用綜合性思考，然而，在表達愛意這一點上，卻呈現出完全相反的現象。

例如，當交往對象詢問「你喜歡我嗎？」的時候，男性會回答「這種事不用問也知道吧」，但女性會說「我最喜歡你了」。

我們先從為什麼會出現逆轉的現象開始思考吧。

男人三年笑一次剛好？

男性無法清楚表達愛意有兩大原因。

第一是害羞，這大概和文化有關。在重視表達愛意、喜悅的美國，無論男女都常對戀人、家人、朋友說「I love you」。相對來說，重視體面的日本文化，致使男性無法好好顯露自己的情感。

日文中還有「男人三年一笑」的諺語，這句話的意思是男人三年歪著嘴笑一次剛剛好。

也就是說，男性從小就被教導，臉上總是掛著笑容有損威嚴所以不用常笑，不需要顯露自己的情感。

因為有這樣的文化背景，使得男性很難表達情感，甚至對表達愛意有所抗拒。

第二則是男性也搞不清楚自己的心意。話雖如此，這並不代表對女性沒有愛，而是男性原本就是不擅長理解自我情感的遲鈍生物。

因此，就算男性沒有言明，也未必表示不喜歡。（當然，我也不能完全否定沒有好感也不明說的情形……）

為何女性只有在表達愛意的時候才會把話說清楚？

另一方面，女性平常的溝通中總是希望對方能自行察覺，為何在戀愛時會清楚表達愛意呢？

這是因為女性比男性偏好安穩、安心的狀態。

相同的道理，女性對細微的狀況或環境變化也比男性來得敏感。為了保存物種，也就是養育孩子，女性在演化中變得喜歡追求安穩、安全、安心的環境。若對方能夠清楚表達愛意，就能更安心地和對方相處，這就是女性想追求的安穩感。

相反的，男性之所遲鈍，是因為雄性生物如果沒有明確的偏好，就能夠擴展選項，獲得和更多雌性生物相處的機會。

姑且不論這些，女性之所以能誠實表達自己的愛意，第一個重點應該是沒有像男性一樣被要求不能顯露情感。

而且，女性在日常生活中就經常使用「喜歡」、「超喜歡」等表達方式。例如「啊！我超喜歡這首歌」、「我最喜歡這種款式的衣服了」女性比男性有更多機會可以用到相同的表達方式。

女性在和同性交流的時候，經常使用「共鳴」這種手法。好惡的判斷和共鳴一樣都和大腦中的扁桃體直接相關，所以平時經常出現這類表達方式。因此，對女性而言，說出「喜歡」、「超喜歡」並不困難。

男女互相了解的關鍵

男性請明確傳達「我喜歡妳」

當女性問「你喜歡我嗎」的時候，千萬不要只說「嗯」、「妳明明就知道啊」，請積極表達「我最喜歡妳」、「我愛妳」。當然，不只語言，透過行動表達也是關鍵。沒說出口就等於沒有這麼想，確實向對方傳達心意非常重要。

女性小心不要太常說「喜歡」

如果在各種場合都經常說「喜歡」、「超喜歡」，那這句話的份量就會變輕，所以，請增加不同的表達方式吧。

另外，男性很需要被認同，所以如果能一併說出喜歡的理由，對方可能會更高興。

CASE 16

真心稱讚對方的一句話

我們總是心想「他真的是在誇我嗎？」

在前文中提到，我們是從平常就習慣說場面話的生物。

因為本書才第一次聽到「場面話」這個詞的讀者，想必可以透過「恭維」等形式了解到場面話存在於我們的日常生活之中。

例如被別人稱讚時，心想「他是說真的嗎？」的經驗應該不只一、兩次才對。要辨別對方是真心讚美還是單純恭維，真的非常困難。

如同之前所述，判斷對方是否真心讚美，最好的方式就是「注意對方的表達方式是否帶感情」。

如果有那種「這一定是真心讚美」的句子當然很好，但很遺憾的是，目前很難有定論。

不過，若將焦點聚集在語言上的話，男性的「真可愛」和女性的「超〇〇～」或「超級〇〇」這類的稱讚，可信度很高。

接下來，請容我先介紹「有標、無標」兩種看待事物的類別。

所謂「有標」，指的是不同於平常、跳脫的事物。相對來說，「無標」指的是標準、普通、一般、規範內的事物。

男性基本上不擅長讚美，這點我想女性應該都很有感觸。因為男性會覺得不好意思，所以讚美別人的次數很少。

也就是說，男性的「真可愛」屬於有標語言。

雖然也有讚美女性就像呼吸一樣自然的人，但對大多數的男性而言，這是真心想稱讚的時候才會說的話，所以可信度非常高。

因為是無標的讚美，所以更需要強調語

另一方面，採用主觀型溝通的女性會從讓對方覺得愉快，也就是搭起橋樑開始，之後再慢慢深入溝通，這是基礎中的基礎。

因此，女性會注意禮貌並經常使用滿足對方認同感的「好厲害」、「好帥」等稱讚。對男性而言算是有標的詞彙，對女性來說都是無標語言。

然而，女性自己也很清楚，一般的讚美對自己來說是無標語言。

在日常生活中經常重複相同的詞彙，到了真心想讚美的時候反而不受信任，很可能會被當作放羊的孩子。

為了避免這一點，女性在真心想讚美的時候，就會試圖和無標語言做出區隔，使用更上一層樓的強調語，以「超厲害的」、「超級帥氣」、「怎麼那麼可愛」等形式加強詞彙。

也有人平常就使用「超厲害」等強調型讚美，不過，這些人想真心讚美的時候就會用「超神的啦」更加強語感、提升語調，一定會在某個地方呈現有標的差異。

其實，我並不建議單憑字面就判斷對方是否真心讚美。

不過，這可以當作判斷的元素之一，再搭配對方的表情和聲音綜合考量，就能提升正確解答的機率。

男女互相了解的關鍵

男性請慎重再慎重

即便女性稱讚「好厲害」、「好帥」也要注意，千萬別誤會了。等對方加上「超」字，臉頰脹紅、以大音量稱讚你的時候，才能開始得意……雖然我很想這麼說，不過只要想到要是因為誤會而搞砸，受到的傷害反而更大，就會發現當「強調詞」、「表情」、「聲音」都湊齊的時候，更要心生懷疑才對。

女性請小心使用「好厲害」這個詞

男性稱讚妳「真可愛」、「好漂亮」，很可能是真心這麼想。順帶一提，一樣都是讚美，但相較於稱讚外

表，「好厲害」等詞彙男性比較容易說出口，可信度會比較低一點。另外，也要注意別有用心的場面話。

專欄3

別惹毛女性

應該幾乎大多數的男性讀者，都認為女人生氣很恐怖吧？

而且，除了一生氣就訴諸暴力的狀況以外，應該也有不少女性讀者覺得不想與女性為敵。

前文說明了有標和無標的分類。針對女性的恐怖程度，用這種分類思考就很淺顯易懂。簡單而言，無標就是普通，有標就是罕見。遇到罕見的現象時，就會讓人特別在意。

基本上，女性生氣屬於罕見現象，因為採用主觀型溝通的女性，一旦讓對方覺得不愉快就無法搭起橋樑，之後也難以溝通，所以很少會清楚表明憤怒的情緒。

人類一遇到罕見的事物就會去思考其意義和價值。因此，屬於有標的女性憤怒才會更讓人覺得嚴重。

其實男性也是一樣，平素待人溫和、沒看過他生氣的樣子，這種人一旦生氣就會非常恐怖。在我自己內心「不想與之為敵」清單中前幾名的男性，基本都是溫和圓融的人。

另外，問題不僅限於被罵的人。平常不太發怒的人，很可能一直累積種種不滿，這就是憤怒的特質。將累積的憤怒一鼓作氣釋放，和平常三不五時就生氣的人比起來，氣勢當然顯得更加銳利。

簡單來說，生氣的人會有強烈的憤怒感，被罵的人也會有更強烈的感受，雙重夾擊之下更讓人覺得恐怖。

因此，如果認為不容易生氣的人是「對他說什麼他都不會動怒」而得意忘形，很有可能會因此鑄下無可挽回的大錯喔。

CASE 17

想和對方分手時的一句話

如同想和對方分手、感情轉淡的原因有很多都不一樣，和對方提分手時說的話也各有不同。

因此，本篇將介紹容易讓對方混淆真正心意、產生誤解的表達方式。

「雖然我們都沒有錯……」

首先是男性會說的「我覺得我們不適合」。這是某網站上票選出來，男性分手時會說的話第一名。

這種表達方式的有趣之處在於語感很像從客觀角度判斷，而且認為責任不在男女任何一方。

對男性而言，這算是有點兜圈子的說法，但聽起來仍然很直接。聽到這句話，大多數的女性都會知道對方想分手。

然而，這也可以說是不容易了解問題出在男女哪一方的說法。當然，我認為男性是刻意選用這種難以理解的說法。

遲鈍男 vs. 多慮女

另一方面，女性分手時會說「其實是我不好」，這其實是很容易讓人產生誤解的表達方式。

當然，和其他的表達方式一樣，有些人會這樣說，也有些人不會。不過，男性通常不會用這種說法。

分手這種行為本來就會破壞過去建立的（情侶）人際關係，但這和女性重視人際關係、偏好主觀型溝通的天性互相矛盾，因此才會出現這種不可思議的分手理由。

儘管她的真心話是「我已經不喜歡你了，所以想要分手」，但仍然不想傷害或激怒對方。最後女性非但不會指責對方的缺點，甚至還會稱讚對方，然後才提分手。

這種表達方式，乍看之下是在說自己有錯，會讓人感覺到「你並不差，我也不討厭你」。因此，對遲鈍到極點的男性而言，這種理由根本說不通。

反而聽到這種說法，男性會覺得：「明明不討厭，卻還要提分手，完全無法理解。就算是妳不好，我也能接受，沒必要因為這樣分手啊！」

就女性的角度來看，這等於是對方一腳踢開了自己好不容易為他搭好的階梯。

什麼都要黑白分明的男性，會希望對方想分手的時候直接說，如果覺得錯在男方，男性也會希望對方說清楚。

然而，當女性誠實告知男方真正的原因，又會如何呢？

這種時候，就算直接挑明感情轉淡的原因出在男方身上，男方也有可能反而抓狂，一一列舉女方的錯處。

所以從這個角度來看，女性會用模稜兩可的方式提分手其實也無可厚非。

男女互相了解的關鍵

男性請乾脆地分手

請了解女性提分手時說出那些自責的話，其實只是搭起溝通橋樑的手段而已。我不建議男性以搞不清楚原因為由而拒絕分手。無論如何都想聽到真正原因的話，請用「那我希望妳能告訴我，哪裡做得不好」的方式詢問對方吧。

女性堅持追問可能會讓自己更受傷

男性總是會想把「分手的原因出在誰身上」等責任模糊化，但其實只是單純感情淡了而已。如同剛才提到的男性範例，如果妳真的很在意自己哪裡不好，不妨直

接問問看。只不過，男性不擅長搭起溝通的橋樑，妳追問後可能會比之前更受傷。

CASE 18

真心想和對方交往時的一句話

各位讀者應該非常在意這一篇的內容吧？我將針對「對方告白的認真程度」進行解說。

因此，嚴格來說這裡要談的並不是前面提到的「難以理解意圖的句子」，但還是**只要對方不是說謊，基本上在告白的時候，就已經傳達「我喜歡你」的心意了。**

請各位耐心看下去。

其實剛開始撰寫這本書的時候，我就已經知道「讀者應該對這個項目很感興趣」，不過當時的我並不清楚，什麼樣的句子才能稱得上是真心的告白。

最後承蒙大家幫忙回答問卷題目：「你會用什麼方式告白，或者曾經被別人用什麼方式告白？」才讓我找到了答案。

「妳喜歡我……所以想要怎麼樣？」

首先，我們從女性開始看起。女性大多會用簡單的「我喜歡你」來向對方告白，即便會用「超喜歡」、「超級喜歡」等強調語，但幾乎都不會另外說明原因（如果要說明的話，就會在告白的時候，同時採取給對方一封情書等表達方式）。**因為女性重視感情與感性，所以會以心情為優先。因此，告白時會最先表達自己的心情。**

而且一如前文所述，女性是綜合判斷各種條件之後才對男性產生好感，所以應該很難找到一個特定的原因。就女性的大腦特性來說，很難有邏輯的為自己的心情找出理由。

當然，剛開始可能是從長相、上進的態度、相處很開心等原因喜歡上對方。然而，等到愛上對方就根本沒有所謂的原因了，因為這個時候一看到對方，全身就會反射性地轉換成「超喜歡模式」。

不過，對不善解人意、凡事只看結論的男性而言，其實心想：「妳喜歡我，但我不知道妳想要我怎麼做啊！」

實際上，當我還是學生時，也有人對我說「我喜歡你」，但因為後面沒有下文就這樣放著不管了。之後對方來問我：「之前的事，你想好答案了嗎？」我卻很疑惑地反問：「要回答什麼？」因此不經意地傷害了對方。我告訴女性工作人員這件事，對方很生氣的罵我：「你那是什麼意思啊！」

光看這個例子，各位應該會覺得「沒問清楚的確是你的錯」。不過，我之所以會分享這樁糗事，其實是想告訴大家，處於那個年紀的男孩，有不少人都像當年的我一樣難搞。而且不只少年時期，男性基本上不管到幾歲都不會改變，我也是一樣。

因此，各位女性讀者，請不要忘記男性是一種會追求清晰報告與細節的客觀型溝通生物。

假如因為本書而多了一位女性，願意在告白時告訴對方「我喜歡你，所以想……」讓男方產生置身天堂的愉悅感，相信犯下和某少年相同錯誤的人一定會減少，獲得快樂結局的情侶也會增加。

「確實說出你喜歡我！」

另一方面，相信大家都知道，男性真心的告白是採用客觀式溝通。

①「從第一次見面開始，我就覺得妳很可愛，一直很在意妳。」

②「我喜歡妳。」

③「請和我交往。」

如果是這樣的告白，可以判定認真的程度非常高。引號內的三個部分，分別是①傳達「為什麼喜歡」，②傳達「喜歡」的心情，③傳達「想怎麼做」。

根據女性訪談結果顯示，有很多人被告白的時候，都會聽到對方說出類似①的原因。從男性客觀性溝通的角度來看，似乎認為「不說清楚原因，對方就不知道自己是真心喜歡」。

另外，男性的自我監控能力不如女性高，而且男性在社會上有壓抑的文化，尤其是容易害羞的男性，光是傳達「喜歡」的心情，就已經是很需要勇氣的挑戰。

恐怕男性在告白的時候，就已經突破女性最在意的「羞恥線」，以背水一戰的心情，想著反正都要丟臉就把想說的話全都說出來。

③也是幾乎所有女性都會聽到的句子。根據狀況不同，有些男性可能因為害羞，也會直接跳過②沒有表達愛意就直接說「請和我交往」。

雖然很令人頭痛，但對男性而言，從自己嘴裡說出「喜歡」這種話真的很害羞。

然而，從女性的角度來看，只說③「請和我交往」反而不知道對方到底喜不喜歡自己，所以會感到困惑。

因此為了提升告白的成功率，各位男性讀者最好盡量採用②加③的方式表達。

男女互相了解的關鍵

男性只擔心會有什麼意外

如果對方只說「我喜歡你」，沒有 LINE 或信件等追加的資訊……我能了解你一定心想「喜歡我，然後呢」，這種情形通常表示對方的確想和你交往。不過，萬一出現「我很喜歡學長，但是（因為畢業或換工作）以後見不到面了。我想整理自己的感情，所以才決定告白」的情況就糟了，小心千萬別開心過了頭。

就算對方沒有說「喜歡」，女性也請儘管放心

雖然這會讓女性感到焦躁，但男性違反格萊斯的合作原則（Cooperative Principle），大量說明原因自有

其理。非常喜歡妳、想和妳交往，光是這樣就已經可以判斷對方非常認真告白。對男性而言，要說出「喜歡」兩個字，難度意外地高。因此，不需要因為對方沒有說喜歡妳，就認為對方沒有心。

專欄4

過度解讀所造成的誤會

對重視關係與情緒的女性而言，男性客觀、正確地傳達事實或資訊的溝通方式，經常會造成出乎意料的誤差。

例如，有位年輕女性之前曾經告訴我這樣的案例。

這位女性是一個必要時會有話直說、個性堅強的人。有一次，某個男性朋友對她說：「妳說話好直接喔！」

她非常在意，一直想著「是我說得太過分了嗎」、「是不是不要這樣說比較好」。因為太在意，所以她後來直接和對方確認，對方告訴她：「我不是這個意思。」讓她非常驚訝。

簡單來說，男性並不打算批評，也不是要對方改正，只是單純說出是事實而已，所以女性根本不需要想太多。話說回來，如果這句話有負面意義，想必也很難說出口。因此，我認為這句話的意義更有可能偏向：「有話直說很好啊。」

如果男性真的不喜歡這種說話方式，大概會像告白時說明想和對方交往一樣，用「這樣說太過火了，稍微婉轉一點比較好吧」的說法表達希望對方怎麼做。

當然，應該也會有男性會去思考「對方會不會誤會」，但我認為在大多數的情形下，都不需要想太多。

此外，也有女性聽到男性朋友抱怨女友的缺點時，會擅自認為：「這些缺點我也有，他是希望我改善嗎？」

基本上，這也是想太多了。男性說的話非常單純，過度解讀只會累到自己。

另一方面，男性則是因為「不懂」女性的心情而感到困擾。

為什麼會不懂？因為女性總是話中有話，隱藏著和字面不同的意義。

例如女友說：「夠了！」然後起身離去時，男方如果沒有追上來，女友會更生氣。以男性的角度來看，會覺得「咦？完全搞不懂這是什麼情形啊。」認為女性的行動不可理喻、難以理解。男性只會感到困惑：「什麼？明明她自己說了那樣的話，我有誤會什麼嗎？」

女性因為自己平常就習慣用複雜的語感對話，所以不會坦率地接受男性說的話，反而會過度解讀，心想：「他是不是這個意思？」

也就是說，無論男女都太以自己的本能為基礎思考事物了。男性請試著思考女性說的話是否還有其他涵義；女性請按字面接受男性所說的話，不要過度解讀。

因為男女雙方都只以自己的作法做為基礎思考，才會導致需要多想一點的人少根筋，不需要多想的人又想太多，進而形成兩性溝通上的誤會。

第二部

男生聽話，女人聽聲音

CASE 1

當對方說「我想要這個」的真正意思

在第一部的內容中，筆者針對想法相同但男女截然不同的表達方式，以及其背景進行解說。第二部則與之相反，針對同樣的說法，但在男女心中各代表不同的意義進行說明。

本書將這樣的語句，定義為「心靈的同音異意詞」。若沒有事先了解心靈的同音異意詞，就很有可能對異性的話產生誤會，例如：「她剛剛說〇〇，我只會對喜歡的人說這句話。所以她該不會……也喜歡我吧。」

當然，本書的內容並非絕對，而且有些女生的思考比較男性化，也有男生的思考方式偏向女性化的情形。

因此，按照本書所寫的方式解讀，也有可能會失敗。但是，只要知道世界上有心靈的同音異意詞這種東西，就能大幅減少前言中提到的黑歷史。

男性請從音調判斷

首先，就從「我想要這個」開始。

以女性的情況來說，如同第一部 Case 9 的「好可愛」範例，大多是表示這些東西裡面這個最可愛的意思。因此，經常會出現當男方說「我送妳」的時候，女方又表示「現在不需要耶……」，有點像是沒台階可下的情形。

筆者採訪女性為什麼會做出這種不可思議的舉動時，得知女性認為「我想要這個」，是表示**「如果問我想不想要，我當然會說想，但是不到需要買給我的程度，而且我自己也不會刻意去買」**，也就是說，女性只是表達「想要的最低限度」而已。這表示女性的「我想要這個」是類似場面話、空洞的表達方式。

話雖如此，誠如第二部的標題所述，對女性而言，聲音等元素有時比語言更重要。如果從聲調和表情能夠感覺到對方的認真，就可以提高評價。

不過，針對聲調，有一點必須特別注意。

不要只注意瞳孔放大、以驚人的魄力說出「我超想要這個」的情形，像是「（有點客氣地說）我有點想要這個……」的語調也要多加留心。

這種表達方式是因為覺得不好意思，所以不好大聲說，希望對方能自行察覺。這裡暫且稱為「討禮物的低語」。各位想像一下快到自己的生日或聖誕節時，向異性討禮物的感覺，可能就會比較容易理解了。

女性是自我監控能力高、非常怕丟臉的生物。因此，對真正想要的東西反而會覺得「如果對方覺得我在討要高價禮物的話……」、「雖然真的很想要，但是說出來好像太厚臉皮了」。所以即便真的想要，也會以較冷靜的語氣表達。

只要注意「合作原則」，就能了解女性的心情

那麼究竟該如何探詢女性真正的心意呢？針對這一點，語言學的理論能派上用場。請回想筆者在第一部介紹過的格萊斯合作原則。

人類說話或理解對話時，會在無意之中遵守合作原則的「量」、「質」、「關聯性」、「方式」四個準則。不過，本書列舉「話中另有含意」的範例則不在此限。

想要在話中隱藏其他含意的時候，我們會刻意違反合作原則，聽者也會在感覺到「對方違反原則」的時候，思考對方為什麼要這麼做。

假設你問別人：「最近和男朋友處得怎麼樣？」結果對方回答：「話說回來，之前借你的CD該還我了吧？」如此牛頭不對馬嘴，完全是不相關的事的時候，這就違反了關聯性準則。

就這一點反推回去的話，大多數的人都能想像「對方避而不談，一定是和男朋友處得不好，所以才不想說吧」。

從合作原則的角度來看「討禮物的低語」的話，如果是真正想要的東西，對方應該會按照原則說話才對。所以當女性表現出有別於平常的低語時，就表示違反了方式準則。

像這樣違反某種準則的時候，一定有其原因。就「討禮物的低語」來說，雖然是在討禮物，但藉由聲音表示自己的害羞、抱歉、優雅。根據狀況不同，這也有可能是一種演技。

使用「演技」這個說法可能不太恰當，但女性是為對方著想才會有這些舉動。男性的任務就是要了解背後的涵義。如果這時候要求對方說清楚，就會白白浪費女性刻意準備演出的心意。

如果你認為自己不擅長了解對話的意圖或理解背後的含意，請務必記住這些準則並練習對話。很多搞笑或諷刺的話，都是建立在違反合作原則之上，最適合拿來當作練習對象了。

相較於女性大多有兩層涵義的「我想要這個」，男性基本上都是直來直往。

說男性對慾望毫不掩飾也不為過，不過針對這一點，其實和男性獨有的「說真心話很帥」文化有關。因為要以「男子氣概」和「信賴關係」做為前提，才能說真心話。只要男性說出「我想要這個」，可信度一定很高。

無論如何都想進一步確認的話，不妨問一下女方：「那我送妳好嗎？」如果對方是真的想要，一定會露出閃亮的眼神、可愛的表情喔。

男女互相了解的關鍵

可以的話，男性請多多送禮物吧

請透過各種資訊判斷對方是不是真的想要禮物。只是男性通常禁不起打擊，很多人被心儀的女孩打槍時都難以應對。如果是不在意這種細節，金錢上也有餘裕的人，多多送禮或許也不失為良策（但也會有變成「冤大頭」的風險……）。

女性請找個藉口再送禮

基本上男性會直率地向女方要禮物，而且收到禮物也會很開心。不過，由於送禮的女性自我監控力強，就算有想送禮的對象，往往也無法輕易送出手。這種時候

請找個藉口吧，例如向對方提議「就當我送你生日禮物吧」，像這樣的理由令人容易接受，不妨嘗試看看。

專欄5

單工模式的男人與多工模式的女人

第二部以「男人聽話」為主題揭開序幕，而且第一篇就從當男性說「我想要這個」，大多都是真的想要開始解說。

那麼，為何大部分的男性都會有話直說呢？

「因為男性是重視事實、客觀型溝通的生物」、「強烈認為說謊是不帥氣的行為」這些解釋都沒有錯。當然，也不是男性比女性笨、不知道如何措辭等，如此單純的問題。

在演化心理學領域中，人類開始農耕不過是一萬年前左右的事。因此，人類身上還殘留著在這之前長達數百萬年的狩獵、採集時代的生活特質。也就是說，男女在狩獵、採集上的角色扮演差異，仍延續至現代。

在過去的研究中顯示男性擅長空間性的操作、投擲、找出隱藏的東西，相對而言，女性則擅長發現微妙的差異、流暢的語言、需要靈巧手工的工作。也就是說，相對於女性來說，男性操控語言的能力較差。

狩獵時，語言並沒有太大意義。外出狩獵的夥伴之間，只要最低限度的語言就能溝通。因此男性在語言溝通上，總是走極簡路線。就這一點來看，就能了解為什麼男性在LINE上面的回覆都很簡短，經常讓女性感到失望了。

另一方面，從女性馬上就會組織團體這一點便能清楚了解，在社群這種與他者的關係中，女性必須調整自己，扮演相應的角色。

因此，女性就算面對乍看之下「可能會不合拍」的人，也會試圖架起溝通的橋樑，嘗試和對方對話。而語言就是接觸對方時，具有重大意義的工具。

女性本來就擁有多工大腦，而男性則是單工大腦。所謂的溝通，不只語言本身，還必須一併考量表情、氛圍、文脈、動作、視線、環境等各種資訊，再選擇最適合當下的詞彙。

既然要處理如此龐大的資料，當然是擁有多工大腦的女性較占優勢。

在溝通層面上，大多數的男性都不在意細節、較為隨性，另一方面女性則是既仔細又有禮，隨時顧慮周全，這都是因為大腦構造不同引起的現象，所以也無可奈何。即便男性這種單純、乾脆的人際關係很吸引人，但溝通時卻不見得愉快。

溝通有時候是人生戰場上唯一的武器，這把武器是用在好溝通、屬性相同的人身上，還是用在像女性這樣重視與他人之間的關係、懂得慢慢協調有時不好溝通的人身上，哪一方會讓你累積經驗值、提升技巧和措辭，各位應該心裡有底才對。

另外，男性有話直說的特性，其實也無可奈何。男性本來就不會在溝通上多費力，所以不會花心思去說一些含有言外之意的話。

另一方面，女性則非常重視溝通，所以說話時會格外用心。

誠如第一部中的說明，在語言上花心思和重視對方的態度有很緊密的關聯。例如尊敬語比一般語言的使用方式複雜，經常會加上更多詞彙。因此，人們會藉由花心思說尊敬語表達誠心接待客人的態度。

CASE 2

男女都說「好可愛」，用法大不同

男人不常說「好可愛」的原因

「卡哇伊」（好可愛）儼然已經成為世界級的語言了。

我想這個單字大多都是女性在使用，而這種現象的背景，正是第二部的主題「心靈的同音異意語」中男女詞彙用法的差異。

當然，最大的原因來自「可愛」這個單字本來就比較適合女性使用。雖然男性不是不能用，不過相較之下女性比較容易用到「可愛」這個詞。在語言學領域中，女性愛用的詞彙，我們稱之為「女性語」。

如同上一篇的「我想要這個」一樣，男性通常有話直說，講得難聽一點就是語言比較單純。因此，大多數男性只會對真正覺得可愛的事物說「可愛」。

即便是讚美，比起說「可愛」，男性更會選擇用「漂亮」來稱讚美女。對動物或者物品也一樣，絕對不會對不可愛的東西說可愛，因為男性不想把可愛當作是奉承或場面話使用。

「好可愛」有什麼效果？

相較之下，如同第一部 Case 9 提到的，女性的「可愛」具有以下三種功能：

①和朋友一起驚呼「好可愛」可以提高共鳴感，形成溝通的橋樑。
②女性的「好可愛」差不多等於在臉書按讚，可以營造女性化的氣氛。
③對真正喜愛的事物表示感動。

基本上，①和②屬於不是真心覺得可愛也會使用的場面話。就結論而言，女性比男性有更多使用「可愛」這個詞的機會。

女性會如此頻繁使用「可愛」一詞的原因有兩個。

第一是為了和同性之間有共鳴。女性扮演的角色從很久以前就有別於經常出外狩獵的男性，一直在鄰近的群體內從事採集和養育後代的工作。因此，一般會認為女性大多重視他人和群體。

在腦科學領域中，相較於其他動物，人類大腦的共鳴功能非常發達，**利用共鳴就能連結他人。**

共同的感覺、喜好、興趣，容易吸引有共鳴的人。擁有相同感覺的人比較不會互相競爭，和這樣的人共存共榮才容易在競爭環境中存活下來。

另外，喜歡可愛的東西是女性的本能。

小小、圓圓的東西會讓女性有可愛的感覺，據說是因為在人類生活中，女性主要扮演照顧嬰兒的角色，而嬰兒就擁有這些特質。

近幾年，人類社會中有越來越多男性照顧嬰兒的情形，然而，由女性照顧嬰兒其實是源自哺乳類動物需要母親餵奶的特性，因為這樣的性別差異才會產生不同的角色分配。

如上述所言，「好可愛」對女性而言是連結他人的魔法語言，所以她們才會經常使用。

說「好可愛」是女性的本能

第二，是「好可愛」大概等同於「這個讚」的意思。刻意用這樣的方式表達，其實是因為女性的自我監控力很強，也就是說，女性希望他人「如此看待自己」的意識非常強烈，可以說是自我展現的一環。

在社會學領域中，專家認為女性比男性更容易配合社會要求的「標準」與「期待」。也就是說，女性會想展現出自己女性化的樣子。

稱讚某事物可愛，會因為太過女性化讓男性覺得不好意思。因為可愛是女性化的表達，屬於女性語。各位可以把這個詞想成用「～呢」或「～喔」當成語尾的意思。

也就是說，如同使用普遍性的女性化表達一樣，藉由使用「可愛」的女性語，就能在無意之間表現出女性化的一面。

男性經常挖苦女性：「其實妳根本是覺得說『好可愛』就會『讓人覺得妳很可愛』而已吧？」只不過，如果你會說出這種話，就表示你根本搞錯重點了！這麼說當然會遭受女性的批判。

而且，越年輕就越常使用可愛一詞，也能為這項原理提供佐證。年輕女性擁有吸引男性的本能，她們在意別人如何看待自己，自我監控能力也比較強。

簡單來說，使用女性化的詞彙具有展現女性特質的功能，所以才會形成經常使用「可愛」一詞的行為。女性刻意展現自己的女性化，其實是潛意識中很容易就這麼做的本能行為。

所謂的本能行為，就像一個愛吃的人，會刻意用誇張的聲音說「我開動了」，或者誇張地大喊「好好吃」一樣。

而且，男性其實也會在不自覺的狀況下露出肌肉或皮膚（用自拍等方式）、倒車入庫的時候刻意把手放在副駕駛座耍帥，故意做一些想讓別人覺得自己很帥氣的動作和發言，從女性的角度來看也非常不自然。

瞭解這一點並且互相扶持，才是與人和平相處的關鍵。

男女互相了解的關鍵

男性請正面解釋好可愛的涵義

即便無法了解女性為何動不動就說「好可愛」也要懂得接受，這才是最好的做法。

或許對方對任何人都會說這句話，但採用「她是想讓我覺得『她很可愛』才會這樣說」的正面解釋，人生會變得比較輕鬆。一旦開始懷疑「她真的覺得可愛嗎」，就會沒完沒了。而且為這種事情吐槽對方，未免也太不識趣了。

女性只要坦率地接受讚美就好

只要對方不是一個擅長說謊的男人，被稱讚「可

愛」的時候大可放心接受。畢竟男性和女性不同，光是要說出「可愛」這個詞本身就很高難度了。

CASE 3

「ブス」是專屬於女性的用法？

「可愛」也可以用在男性身上，但……

雖然「ブス①」不是什麼好聽的詞彙，但我想順著上一篇「好可愛」的脈絡，來談談「ブス」的用法。

儘管「ブス」和「可愛」某種程度上可視為一組，但絕對不是相反詞。**最大的差別就在於，「ブス」一詞只會用在女性身上**。

「可愛」雖然是偏女性的詞彙，但也會用在男性身上。可是，很少有人會用「ブ

① 在日文中表示「醜」的意思，大部分用來批評女性外貌，近似台灣用語中的「恐龍」。

ス」來形容男人。

在日本的國語辭典（數位大辭泉）中檢索，就會出現「ブス」或「辱罵女性的詞彙」等解釋，表示這本來就是以女性為目標的詞彙。

一般認為「ブス」的使用頻率高於男性版的「醜男」，我認為有一大部分的原因是來自這個詞彙屬於女性特有的用法。

也就是說，男性是單純為了攻擊女性的外表而用「ブス」一詞。然而，女性則是包含個性上難相處「個性很醜」的含意，而對討厭的同性使用「ブス」這個詞。

因此，男女對話中才會出現類似這種牛頭不對馬嘴的情形：

女：「那女的很醜。」

男：「咦？她長得超可愛耶。（說實話，比妳可愛多了……）」

女：「根本醜女好嗎？不會化妝、衣服老土、個性還很差。這你都不懂，所以我才說男人啊……」

之前已經說過很多次，男性只會單純地對可愛的東西說「可愛」，至於不可愛的女性則稱呼「ブス」。

從淺顯易懂的角度來看，男性的用法或許是優點。**然而，淺顯易懂地使用負面意義的詞彙，大多數的情況下都會變成言語暴力，所以必須格外注意。**

那麼，為何女性會對討厭的人使用「ブス」這個詞呢？針對這一點，也可以用第一部中多次提及的「男性只見樹不見林，女性只見森林不見樹木」框架進行分析。

只見樹木的男性，只會擷取臉蛋、外表來判斷對方是否很醜，相對而言，女性不只看外貌，還會綜合評比個性、言行、氛圍、彼此的關係。以「ブス」來表示整體評價為負數的狀態，或者無論外貌美醜都稱呼自己討厭的女性為「ブス」。

女性也會說自己是「ブス」

此外，在年輕族群中，這個詞也略帶「不可愛」的意思。例如受男性邀約時，女性會說：「今天皮膚狀況不好，簡直醜死了，所以不想出門。」這也是因為這個詞的使用範圍很廣，所以也能用在「狀況不好的自己」身上。

順帶一提，無論男女都會用「醜死了」來形容外貌，有些感情好的朋友甚至可以拍肩膀挖苦對方：「你這傢伙真是醜死了！」（只是對方心裡可能會很不爽……）

男女互相了解的關鍵

男性請注意女性的用法

我想應該不會有女性對你用「ブス」這個詞，但在閒聊的對話中出現時，女方很可能不是在評論外表，而是討厭這個批評的對象。順帶一提，女性很少會直接人身攻擊，就算對方「很醜」（是個醜男），也幾乎不會面對面直接說。「ブス」或「醜死了」，一般而言都會在本人不在現場的時候使用。

女性請忘記對妳說這種話的男人

如果有男人罵妳「ブス」，對方很有可能真的這麼想。不過，這種情形也有可能是男方像小學生一樣幼

稚，故意罵喜歡的女生「ブス」。即便真是如此，像這種老大不小還用這種方式掩飾害羞的男人，最好還是忘掉吧。

專欄6

女性說「討厭」，就表示自己有機會嗎？

如果有男人當著妳的面說「我討厭妳」，各位女性讀者會有什麼感想呢？應該會感覺到強烈的抗拒和厭惡吧？不過，我想應該不太有人會說出這種話。

實際上，我對學生做訪談的時候，也發現幾乎所有女性都沒有當面對男性說過「我討厭你」。採用主觀型溝通的女性，很少說出會明顯傷害對方的話。就算氣到很想當面說，考慮到如果對方個性急躁，自己反而可能受害，從自我防衛的角度來說，或許也無法直言。

女性會直接對男性說出討厭的案例，其實都不是因為真的太生氣、抱著「搞什麼啊」的心情表達憤怒。大多是以「（基本上我是很喜歡你，可是）我討厭你的這一點」，類似這種感覺說出「討厭」這個詞。簡單來說，就像上一篇的最後面提到語意較輕微的「プス」，兩者的用法相同。

如果把「討厭」的地方改正，或許就會升級到「喜歡」……這麼說可能有點誇張。不過，如果有男性讀者因為被喜歡的女生說「討厭」而感到失望，我建議不妨回想一下當時的情境。如果女方是開心地說出這個詞，那她應該不是真心討厭。當然，若擅自想成是欲拒還迎，又可能會變成自我感覺良好，必須小心謹慎才行。

請各位務必確實觀察情況、表達方式和對方的表情，再慎重判斷對方是否真心討厭你。

CASE 4

感覺食物美味的男女表現方法

男人重視味道，女人重視口感

吃到美食就會脫口說出：「好好吃喔！」

各位可能會覺得這句話非常簡單又理所當然，然而，「好吃」這個詞也是有男女差異的。

Sizzle 研究會對一千三百多名民眾調查「令人感覺『美味』的詞彙」，我們就來比較看看前十名有哪些詞彙吧。**光是看以下的排名，就能明顯看出男女用詞的差異**。

男性的第一名是多汁，接著依序是濃醇、甘甜、有嚼勁、會上癮、有深度、香氣四溢、濃厚、味道豐富、入口即化。

女性的第一名則是有嚼勁，接著依序是多汁、軟嫩、香氣四溢、入口即化、新鮮現做、季節限定、甘甜、溫暖、酥脆。

單看前五名就會發現，男性比較會用「濃醇」、「甘甜」等描述味道的詞彙，而女性則是以「有嚼勁」、「軟嫩」、「入口即化」等描述口感的詞彙為主。

「只見樹木的男人」和「只見森林的女人」之間的差異

男性是只見樹不見林的生物，所以會注意食物本身的味道，這並不難理解。那麼女性為何會偏向注意口感呢？

這是因為，**女性的觸覺本來就比較靈敏**。

一般認為負責餵母乳、養育後代的女性，為了在觸摸孩子時，透過觸感和溫度發現身體的變化，所以觸覺會不斷進化。

根據南伊利諾伊斯大學（Southern Illinois University）醫學系茅拉帝等人的研究指出，女性每一平方公分的皮膚內分布的神經纖維足足是男性的兩倍。也就是說，女性比男性敏感多了。

從女性喜歡像是布玩偶般蓬鬆的物品，選衣服時重視觸感，就能知道女性對「觸覺」很敏感。

口感也是接觸食物的感受，所以女性才會特別重視。

而且，女性不只重視口感，還會連同用餐地點的裝潢、餐具、氛圍、工作人員的接待、客群等元素，將用餐視為一種體驗綜合性地評分（餐點的味道當然也包含在內），也就是觀照整片森林的感覺。因此，綜合評分合格之後才會用「好吃」來評價這間餐廳。

重視事實的男性讀者可能會覺得，既然如此就具體地說出「餐具的某一點很好」、「撥放的音樂很有品味」、「沒吃過這麼好吃的義大利麵」不就好了？

然而，實際去用餐時，就算是一一誇獎細節，你又會怎麼想呢？「雖然評價很好，但未免也看得太細了吧」，如此一來不會覺得有點恐怖嗎？

自我監控能力高的女性，也不想讓男性覺得「哇，她觀察得也太仔細了吧」，然後因此產生壓力，所以她們才會用「好吃」來帶過整體評價。

如果是和興趣相近的朋友一起去，應該會分享「餐具很漂亮」、「服務生好帥」等各自發現的重點吧。

如果對方沒有說「好吃」呢？

呃……如果女方對一起去的餐廳評價不好，會怎麼表現呢？

這種時候，她大概不會說「好吃」，應該會用場面話帶過。

順帶一提，女性也會有不說場面話直接打回票的時候。

這種時候就表示對方認為你是「可以有話直說的好朋友」（比起愛情更偏向友情的可能性很大），或者「即使因為自己說話嚴苛而失望也無所謂的人」。

說實話，如果是後者，還真的會讓人覺得很受傷呢……

正因為如此，誠如第一部 Case 9 提到的，對方願意為自己說場面話其實也不是一件壞事。

男女互相了解的關鍵

男性要確認哪個部分「好吃」

只要對方說「好吃」，基本上這一餐就算是合格。不過，要注意對方指的可能是綜合評分高於合格基準的意思。

根據情況不同，餐點本身的味道可能只有五十分，勉強達到及格邊緣而已。

之後如果再去到口味相近或同系列的其他餐廳，可能就無法討對方開心了。

女性可以趁機會掌握男人的胃

男性只要說「好吃」，就表示喜歡這個味道。

如果是未來想要交往或結婚的對象，為了抓住對方的胃，可以透過常去相同或者類似的餐廳吃飯，學習了解對方喜歡的料理。

CASE 5

對方說「隨便你」，真的就隨便嗎？

其實很接近小學男童罵女生「醜死了」的感覺

兩個人吵架，在氣頭上經常會說出：「隨便你啊！」以男性來說，很可能是真的太生氣於是心想：「已經無所謂了，隨便妳想怎麼樣就怎麼樣吧。」

另一方面，女性在說「隨便你啊」的時候，通常不太可能真的希望對方隨便，或是放著不管。

採用主觀型溝通的女性，不喜歡對人展露明顯的怒意、讓彼此關係惡化。因此，當她們情緒激動時，也會盡量使用迂迴的語言（和婉轉不同）。

雖然「隨便你啊」也是表達怒意的方式之一，不過相較於用「搞什麼啊」、「你是把我當笨蛋嗎」等方式直接表達憤怒，「隨便你啊」的說法顯得繞了一大圈。

而且，如同小學男生會罵自己喜歡的女生「醜死了」一樣，在使用迂迴的表達方式時，就表示已經失去原本語言具有的意義。

就像小學男生的「醜死了」並非本意一樣，「隨便你」的迂迴表達方式，代表對方真正的心意並非如字面所示。

「笨蛋，不要丟下我一個人！」

沿用這個道理來看，就表示女性生氣時的迂迴表達，都不能按字面解釋。

其實，基本上的確如此。不過最根本的問題在於，男性不見得能看穿女性的迂迴表達。

針對這一點感到不安的男性，可以用「隨便你啊」當作指標。這句話用在迂迴表達的可能性非常高。

因為女性屬於較弱的個體，天生較重視與他者之間的關聯，所以會極力避免被對方捨棄而落單的情形。

這是一種在漫長人類歷史中，累積社會生活經驗，而培養出接近本能的天性。女性之所以會廣交朋友、重視群體，是因為在體力、肌力方面比男性更容易感到不安，所以必須依靠他人的力量。

於是，女性很難會說出按字面意義來看，可能會讓自己陷入落單危險的言論。

當然，就社會生活變化這一點而言，現代日本相較於近代以前的社會，女性一個人生活的難度已經大幅下降。

因此，一定也會有女性真心認為：「隨便你啦！這麼愚蠢的男人誰管你啊。」然而，從人類漫長的歷史來看，近幾年的社會變化實在太過劇烈，所以動物性本能和適應遠古生活的最佳化體質仍然深植在我們體內。

男女互相了解的關鍵

男性基本上不能隨便

基本上，對方應該都希望你「不要隨便」。如果你非常生氣當然另當別論，但只要心裡有一絲覺得自己說得太過分，馬上道歉就有機會和好。

話雖如此，要是對方說的話並非迂迴表達，就會變成「我是說真的，結果他竟然一副高高在上的樣子想阻止我」，若是這樣臉就丟大了，請仔細觀察對方再做判斷吧。

女性其實可以看情況讓步

對方很有可能是真的生氣才會說「隨便妳」。只不

過，一旦妳真的隨便的話，可能會陷入僵局。根據狀況不同，衡量自己的心情和之後的麻煩，或許自己讓步會比較輕鬆。

CASE 6

當對方說「好像已經趕不上末班車了……」

這句話感覺像是會出現在愛情偶像劇或漫畫中的台詞。

當這句話出現時候，男人和女人心中分別在想什麼呢？在我解說之前，我必須先向各位讀者道歉，對不起。

其實標題有點太誇張了！

當然，兩者也有可能相反，也有讀者會覺得這句話並沒有那麼輕浮、意義沒那麼單純，如果是這樣，在此我先向各位致歉。然而，硬要選的話，我想標題中提到的情緒會比較強烈。

兩性在這裡的差異，是來自於前提的不同。請回想第一部Case16介紹的「有標與無標」語言。**稍微複習一下，所謂的「無標」就是標準、普通；而「有標」則和普通相反，屬於跳脫的行為。**

女性和男性不同，很少會露宿街頭，要是錯過末班車就糟了。而且還要考量「喝酒喝到早上，簡直太不像話了」的社會觀感，所以女性基本上不太會錯過末班車。因此，不會錯過末班車是大前提，也是無標行為。

男性錯過末班車屬於無標行為，而女性則是有標行為

人遇到有標的事情時，就會開始思考那是什麼、為什麼會在那裡等理由。

這是生物學上的一種特性。如果在大自然中出現「和平常不同的東西＝有標」就表示可能有危險。所以人類會去分析那是什麼、為什麼會在那裡？然後再判斷自己應該怎麼做。

因此，當男性在正常情況下，碰到應該回家的女性做出「好像已經趕不上末班車

了」的有標行為時，就會誤以為是「今天可以不回家」的暗示（一方面也有可能是偶像劇或漫畫看太多）。

另一方面，男性就算露宿街頭、喝一整晚也不會有太大的危險，甚至還有憑藉體力走回家的勇者。就算錯過末班車、喝酒喝到天亮，社會大眾也不太會白眼以對，所以這對男性來說算是無標行為。

因此，對男性而言這只能算是有點麻煩但還算可以應付的事情，他們頂多會想：「在第一班車發車前要做什麼好呢？」並沒有什麼特殊意義。

話說回來，我前幾天和同學一起喝酒也錯過末班車，只好邊喝邊等第一班車。到了發車時間，環視附近的區域，坐在路邊或階梯上、邊走邊等車的人清一色都是男性（或許女性會考量安全性，都在店裡打發時間）。

順帶一提，「慘了，可能錯過末班車了」的意思類似「好像已經趕不上末班車了」，不過這句話表示對方有什麼原因必須回家的可能性很高。

當男性這麼說的時候，就表示自己不好意思說「想回家」，想用末班車當作藉口脫身。

可能也有「一起喝到早上吧」、「幫我出計程車錢」的意思

這裡我希望各位男性讀者要注意一個重點。

假設對方說出「好像已經趕不上末班車了」的時候，表示真的不想回家。然而，即便如此背後也有不同的情緒。

這裡有一個語言學的理論，希望各位能記住，那就是「言語行為理論」（Speech Act Theory）。

我們在說話的時候，還會加上命令、請求、拜託、建議等附加於言語的行為。基於這些言語而實現的行為，就稱為「言語行為」。

比方說我現在說的話，就是屬於解說的言語行為。而「早安」和「對不起」分別屬於打招呼和道歉等言語行為。男性如果對喜歡的女性產生誤會，往往會在戀愛上操之過急，對方很有可能只是不想回家，單純「想和朋友喝到天亮」的程度而已。

而且，對方或許也有可能是真的想回家。明明想回家卻說出「好像已經趕不上末班車了」，表示女性可能是在等待男方提議，也就是期待對方「幫我出計程車錢」表

達「要求」的言語行為。

因此，就算對方說「好像已經趕不上末班車了」，也不需要過度興奮，請冷靜以待。只要能夠推測對方的發言想實現哪一種言語行為，就算沒猜對，應該也能避免大失敗。

男女互相了解的關鍵

男性總之要先冷靜

總之請先冷靜，思考對方想實現什麼言語行為吧。真的錯過末班車的時候，可以用「要叫計程車送妳回家嗎」、「如果想喝到早上，我可以陪妳」等方式，把主導權交到對方手上。當然，對方也有可能希望你積極邀約。如果她真的那麼喜歡你，一定還會有下一次機會。

女性如果覺得困惑，就先解散吧

男性的思考方式非常簡單，而且很多人都不太會說謊，所以直接回答「那只能坐計程車回家了呢」也沒問題的。

假設對方說這句話的時候，背後包含和女性一樣「不想回家」的意義，很有可能會透過言語或行動顯露出心意。先觀察對方的表現，之後再決定要回家還是陪對方。如果搞不清楚真正的意思，就先解散吧。

CASE 7

「下次一起喝一杯」，只是客套話？

「下次一起喝一杯啊！」大家一定很常聽到這句話吧。和很久沒見的人站在路邊聊一下，不知道為什麼就會說出這句話，然後也不知道為什麼，這句話總是沒實現……這種情形很常見。大概就和「我們再聯絡」屬於同一個類型。

基本上無論男女，對很久沒見的人說「下次一起喝一杯啊」通常都是客套話。

從用「下次」這種模糊的約定來看，已經違反方式準則，這表示背後另有所指。

順帶一提，在商務圈中，對真正期待下次見面的人，都會當場就先討論彼此的行程並談好下次見面的時間。例如「那麼就約下下週如何」，類似這樣具體的邀約，提升下次見面的機率。

男女之間也適用這項法則，除非有必須見面的理由，否則大多都是不需要積極聯絡的狀況，所以才會用這種隨便敷衍的方式約定。相反的，若對方很具體地約定下次見面的時間，就能知道對方是真的想和你見面。

男人不是「想喝酒」而是「想見妳」

如果是對常見面的人說「下次一起喝一杯」的話又如何呢？男性一如往常，非常單純，真的想喝一杯，才會邀約對方。

不過，我必須補充一個重點，這裡提到的「想喝一杯」，如果對象是喜歡的女性，真正的含意可能是「想邊喝酒邊約會」。如果只是喝點小酒一起瞎聊的話，找同性朋友就夠了。或者應該說，有女生在場就很難聊某些話題。

姑且不論是不是想和對方交往，總之比起喝酒本身，和對方見面才是最終目的。

如果是女性，說出並非出自本意的話很常見，也有可能是發現對方想約，所以才先用客套話的方式提議。

或許會有人覺得「既然沒有那個意願，那不要提議不就好了」，但重視人際關係的女性，總是會用這種不傷害對方的形式配合對方。

不過，畢竟並非真心，所以經常採用「那下次我們都有空的時候，再一起喝一杯吧」，類似像這種「沒空就沒辦法一起喝」留下後路的表達方式。

想分辨對方真正心意時，格萊斯的合作原則也能派上用場。

以剛才的例子來說，針對「什麼時候」刻意採用模糊的表達，違反了方式準則。

相反的，從這個脈絡來看，如果對方具體詢問時間「下次一起喝一杯啊，你什麼時間比較方便」，或者具體的地點「下次一起喝一杯啊，神保町有一家手工啤酒專賣店喔」就表示很有希望。

此外，如果從語調感受到有別於標準表達方式或不同情緒，語言背後就可能有隱藏的意義和某種意圖。

請以這些資訊為基準，思考對方說話時的真正心意吧。

女人不是「想見你」而是「想喝酒」

不過，有一點要特別注意，雖然「下次一起喝一杯啊」是出自真心，但和男性相反，女性不是以見到對方為目的，而是以喝酒為目的的情況很多，也就是把男性視為「酒友」的情況。

針對「男女之間是否有純友誼」這個問題，經常會出現正反兩派的意見。姑且不論正確解答是什麼，這個問題會變得如此普遍，就表示世界上真的有純異性的「酒友」存在。

因此，男性請隨時注意，對方可能是在說客套話配合自己，也可能是真心想喝，但只是把你當成酒友。

順帶一提，就算對方是把你當酒友才約你，也不需要太失望，因為女性絕對不會積極邀請討厭的人吃飯。被當成酒友時，請正面解讀，告訴自己還算在有可能戀愛的範圍內。

女性請了解對方在說出這句話的時候，應該已經到了「想和妳交往」的階段，喜歡妳的機率很高。

即便只是單純的喝杯酒，輕易答應也可能會讓對方產生誤會。

男女互相了解的關鍵

男性請冷靜並積極地接納對方的話

即便喜歡的女性邀約「下次一起喝一杯吧」，也要記得對方可能是在說客套話，請冷靜地推測對方的真正本意。

就算對方只把你當成酒友也不要太失望，積極地答應邀約，以後更有機會。

女性請思考自己喜不喜歡對方

男方很可能對妳有好感。因此，比起思考想不想去喝一杯，或許思考自己對男方的感覺更重要。

我建議女性們好好想想，妳真的有這麼喜歡對方

嗎？即便在妳答應之後，對方以為有機會便更積極追求，妳也不會因此感到厭煩嗎？

CASE 8

一句「我沒事」，男女意思大不同

對方看起怪怪的，但詢問「妳怎麼了？」卻得到「我沒事」的答覆……這是很常見的情況，只不過男女表達的意思大有不同。

或許各位會覺得又來了，不過大部分的情況下，男性是真的沒事，至少是不需要別人在意，希望對方別管自己的意思。或者是話已經到嘴邊，但是發現說出口事情會變得很麻煩，因為不想說，才會用到這句話。

就女性的角度來說，可能會因為很在意之後的發展而追問，如果真的沒什麼也就罷了，但根據狀況不同很有可能會演變成吵架的局面。

男性認為不說也無所謂的事情，大多真的沒什麼，所以我認為沒有刻意追問的必要。是否要重提在男方心中已經消化完畢的事情，端看女性自己的判斷了。

嘴巴會說謊，但眼神很誠實

說謊等於「說出違反事實的話」。或許是因為如此，重視事實的男性，基本上都不擅長說謊。

因此，就算男性是「其實有什麼，卻說『我沒事』」，應該也可以輕易看透。

年輕人可能不知道，一九九八年美國總統柯林頓的婚外情事件，在日本也是一個大新聞。據說針對這件事召開說明會的柯林頓，眨眼的頻率是平常的四到五倍（平常每分鐘眨眼二十到三十次）。

美國總統的工作就是隨時可能介入他國之間的紛爭，被迫做出令數萬、數百萬人喪命的決定。即便是像這樣身居要角的人物，也會做出極度怪異的眨眼舉動，顯示男性認為不說謊的生活方式，對自己比較有利。

順帶一提，如果真的有什麼，比起果斷地說一句「我沒事」，更多男性會說出多餘的藉口。

「咦，妳在說什麼？我和平常一樣啊！我很奇怪嗎？」假如男性像這樣莫名比平常多話、語速變快或變慢、做出多餘的舉動時，大概就是有問題了。

簡單來說，這些都屬於「有標的說話方式」，並且違反了格萊斯的合作原則。因為背後有某些隱情，所以才會變得不正常。

順便再聊個題外話。戀愛漫畫中經常出現希望對方相信，所以說出「妳認真看著我的眼睛」的台詞。**然而，直直凝視對方的人其實也有可能說謊**。

如果做了什麼虧心事，我們通常都覺得人會避開對方的視線。實際上的確也有這樣的一面，不過一直盯著看眼睛也會疲勞。在沒有說謊、自然地對話中看著對方的眼睛時，人類會出於本能而有三成的時間避開視線。

因此，反過來說「十成的時間都盯著對方看」就表示有必須這麼做的理由，也就是刻意強調自己沒有做需要避開視線的虧心事，甚至也可能是說謊不想被拆穿所以才勉強自己這麼做。

「渴望關心類」和「心電感應類」

女性的「我沒事」，基本上大多都有事。當然，真的沒事的時候女性也會說「我沒事」，所以請從對方的音調和表情判斷真正的意思吧。

就算是男性，碰到麻煩事也會希望對方能夠察覺。**簡單來說，就是抱著「怎麼可能沒事，拜託快點發現我有事吧」的想法，說出「我沒事」這句話。**

不過，這種希望對方察覺的心情又分為兩種。

一種是和希望對方追上來，跟作勢要離家出走的人一樣，其實是想要對方聽自己說，屬於「渴望關心類」的我沒事。

另一種是不好意思說出口或者有難言之隱，希望對方能體諒的「心電感應類」。自我監控能力強的女性，特別傾向後者。即便有事想說或者和別人商量，也會因為不想被歸類為渴望關心的女人，所以會希望盡量在自己不開口的情況下解決。

因此，女性會先說「我沒事」然後期待對方會繼續追問「真的嗎？感覺妳好像有煩惱……」待對方表達擔心之後，就可以接著說「嗯，其實我……」，我想這是女性在有意無意之間選擇的行為。

男性請不要無視這些行為

對男性來說，無論女性是哪一種類型的「我沒事」，實際上都表示有事。

因此，我認為男性不妨告訴對方：「有話想說的話就說吧，我會聽妳說。」然後等待女方回應。

其實，有些男性的確遲鈍到驚人的地步，就像女：「我沒事」↓男：「是喔，那太好了」↓女：「呃……」的感覺。

因此，或許先問再說會比較好。即便女方真的沒事，只要道歉告訴對方「這樣啊，抱歉，是我想太多了」，就能圓滿收場。

男女互相了解的關鍵

男性請先給個讓對方說出來的藉口

無論對方的話中有什麼含意，對話時都要自己主動提起話題。例如用一句話製造讓對方說下去的契機就很不錯，例如：「如果真的沒事我就放心了，不過妳要是想聊聊，我可以聽妳說」。只要提供「男方很想聽」的訊息，之後交給女方自由發揮即可。如此一來，對方就會把能告訴你的事情都說出來了。

女性可以決定聽聽就好或者插話

基本上男人會這樣說，就表示真的沒事。若是很明顯的說謊，像是「沒、沒事、我沒事啊……」的情況，

妳可以告訴對方：「這樣啊，不過我很擔心你，如果有我能幫忙的事情，要告訴我喔！」接著只要看對方如何回應即可。

CASE 9

對方心裡已有答案的「都可以」

女性心裡已經有答案

延續前一篇的「我沒事」，這一篇來看看「都可以啊」。

這句「都可以啊」一定讓男性讀者有過幾次慘痛的經驗。

這其實有很明確的原因。

女性的「都可以啊」基本上就是都不可以的意思。例如商量煩心事也一樣，當女方問「你覺得怎麼樣？」而你也回答了，她卻皺著眉頭說「不是那樣啦……」，我想應該有不少男性會因此感到困惑。

也就是說，女性多半在心裡已經有答案，只是希望對方能夠說出自己想的那個答

案而已，這種情形很常見。

例如和女友一起在居酒屋點菜。因為女方說「都可以啊」，男方就點了自己想吃的油炸食物，結果女方卻抱怨「要是點一些清淡的東西就好了……」，你是否曾因此而感到困惑呢？

相反的，女性應該很少碰到男性回嘴：「妳根本就是什麼都不可以嘛！」這是為什麼呢？沒錯，原因就是大家都很熟悉的那一點。男性通常是真的覺得「都可以」，或者想配合女方的喜好。

客觀型溝通的男性如果覺得不能隨便，就會用「我想要這個」表達事實。因此，當男性說「都可以」的時候，大多數的情況下是真的都可以。

順帶一提，這裡的都可以分成兩種類型。一種是雖然有比較喜歡的選項，但更希望對方選自己喜歡的，也就是願意犧牲自己配合對方的「都可以」；另一種則是覺得選擇太麻煩的「都可以」。

如果是看著女方的眼睛，笑著說「都可以」的話，前者的可能性較高。相反的，眼神沒有交會，突然冒出這句話，就表示可能比較屬於後者。

然而，無論是哪一種情況，基本上選擇女方喜歡的選項都不會有什麼問題。選到男方非常討厭的東西可能另當別論，但只要女方說「放心，我會吃掉」，男方大概也不會太在意。

因為重視事實的男性，對自己說出的「都可以」非常講究。

引出女性「內心答案」的說話技巧

女性心裡不這麼想卻說出「都可以」，其實也是因為主觀型溝通的思維。相較於重視事實的男性，女性更重視人際關係。因為擔心自己的要求可能不符合對方的喜好，所以不知不覺就會說出這樣的話。

然而，大多數的女性都很清楚自己的喜好，腦海中會浮現幾個自己覺得不錯的選項。然後，當對方選擇選項以外的東西時，就會脫口抱怨「要是選○○就好了」。

話雖如此，這時吐槽對方「根本就什麼都不好嘛」就太不給面子了，你應該要感謝女性的體貼，主動避免女方說出「都可以」的情況。

選擇餐廳的時候可以縮小選擇範圍，用「想吃什麼類型的料理？義大利菜還是中國菜」、「活魚料理可以嗎」、「敢吃香菜嗎」的方法，引導女方做出最後決定。

而且，對方如果坦率地說出「要是選○○就好了」還不太糟，根據情況不同，女方可能一直忍耐，其實不喜歡卻默默接受。為了避免這種可憐的狀況，請男性務必引導對方說出正確的選項。

另外根據情況不同，也有單純是因為女性優柔寡斷。這種時候，對品味和相關知識有自信的人感覺會把選項縮小到某種程度，然後詢問對方：「那這個可以嗎？」

不過，我奉勸各位最好別這麼做。在用餐等場合，最好不要在女方沒有提供任何資訊的狀況下，光憑自己的喜好和想像就作出決定。

比方說，女生挑了幾件衣服縮小選擇範圍，最後問男方「哪一件好看」，當男方坦率回答自己喜歡的選項時，就會看到對方失望的表情——擅自決定和這種經典場景具有一樣的危險性。

女性和男性不同，她們非常重視能和對方商量、獲取對方意見，也就是重視溝通的橋樑。

答案一開始就已經決定了，所以女性只是希望對方能和自己的答案同調。甚至可以說，女性其實根本不在乎你的品味。

再者，很多男性的品味都有問題。

我在和學生訪談時，發現也有女性真心覺得「都可以」。

不過，實際上很多時候面對男性提出的選項，女性都會心想「不是吧……」，反而讓心情變得很微妙。

因此，最後的答案最好還是讓女方來回答。

相較於由女性提出選項的「哪一個比較好」，「都可以」只是多了問出選項的步驟而已，請記住兩者的最終目標其實都是一樣的。

男女互相了解的關鍵

男性要巧妙地引出答案

女方已經有答案，所以絕對不要自己作答。用類似套話的方式詢問也行，所以也能透過「○○和△△哪一個比較好？」之類讓對方在選項中選擇的方式，巧妙地問話，用心讓對方選出真正想要的東西。

女性可事先瞭解對方的喜好

基本上只要選妳喜歡的食物或東西即可。以防萬一，先確認對方的好惡，不僅能讓對方高興，也能強調自己的體貼。

不過，對方的喜好很有可能和自己完全相反，這時

候就需要思考了。相反的，若男方是妳不惜忍耐愛好也想更進一步的人，更應該事先做好確認的工作。

CASE 10

讓氣氛瞬間變僵的「把話說清楚」

因為誤會導致氣氛變得詭譎，對方逼迫自己「說清楚這是怎麼回事」，這是很常見的情況。

當遇上這種時候，該怎麼做才好呢？

為了發火而鋪陳的女性

如果對方是男性，最好如字面所示，老實交代清楚即可。

講究事實細節的男性，如果無法理解眼前的事物，心裡就會產生莫大的壓力。而且，男性不只想了解大概，還會想要盡可能確實掌握細節。

從女性的觀點來看，可能會覺得「不用說得這麼清楚吧」、「這點小事可以自己察覺吧」。不過，向男性解釋的時候最好淺顯易懂地說明。

另一方面，如果女性對你說「把話說清楚」，那就先解釋吧。

前文中提到女性的「我沒事」是希望你能發現她有事，所以女方要求解釋就表示不解釋比較好——或許會有人這麼想，但好好解釋才是正解。

只不過，女性還是多了一層心思，解釋並不是最終目標。

這是因為大多數的情況下，女性是透過「說清楚」想得到對方的道歉，或者向對方發火的免罪符。

明明解釋了，卻被指責「別找藉口」的蠻橫無理

如同在專欄3等文章中提到的，女性比男性更少清楚表達怒意，話雖如此，女性也還是有生氣的時候。

另外，在工作等場合中，也有需要嚴厲告誡別人的時候。此時，女性會要求做錯

事的人說明，聽對方解釋。因為只要問「你為什麼會做出這種事」，就能得到責備對方的理由。

工作時女性上司要求說明，但說明之後又被指責「別找藉口」，我想應該很多人有過這樣的經驗。

大多數的情況下，直覺敏銳的女性根本不需要解釋。因為就算不解釋，女性也能知道對方怎麼搞砸的，所以任何解釋聽起來都變得像藉口。然而，心裡雖然已經知道原因，但對方完全沒有發言就很難罵出口，所以女性才會要求對方解釋。

男女互相了解的關鍵

男性請抱著被罵的心理準備好好解釋

首先我必須說清楚，並不是解釋清楚就好。你應該會在解釋之後被罵，不過大多數的狀況下，對方會生氣並非無理取鬧，而是問題真的出在你身上，所以請老實地挨罵吧。

另外，假設對方真的無理取鬧，如果想討好女性，最好也不要反駁。

女性請詳細解釋清楚

請仔細解釋對方無法理解、覺得煩躁的部分，讓對方確實解決心中的疑惑吧。如果明顯是自己犯錯，讓男

朋友生氣，結果很有可能突然就變成一場戰爭。然而，男性很有可能只是想要妳按字面所示，仔細解釋而已。

CASE 11

「他很不錯」是真心稱讚的意思嗎？

在對話中提及某個人物，對方說「他很不錯」，但實際見面之後卻……

見面之後，會發現A「真的是個不錯的人」，還是B「不怎麼樣的人」呢？

或許各位兩種情況都遇過，但就比例而言，介紹人為男性時A的情形較多，而介紹人為女性時，則是B的情形較多。

這是因為男性認為不錯的人，大多是指真的和自己意氣相投的朋友，而女性的不錯，也會用在交情不深的人身上。

男性的介紹可掛保證，但女性不只沒辦法保證，甚至還……

男性生活在道義和人情的世界中，所以會稱讚「他是不錯的人」，就表示這個人是某種程度可以掛保證、自己真的認為不錯的人。

因此，「不錯的人」雖然不見得你也覺得不錯，但至少對介紹人而言是個不錯的人，**所以實際上這個人的確不錯的機率很高**。

另一方面，女性會在同性朋友之間講其他女生的壞話，但在男性面前還是會用「不錯」來稱讚自己討厭的人，這種情況並不少見，其原因有兩種。

一種是就算討厭這個人，也不想在男性面前說別人的壞話。

另一種是因為說出負面的評論，會讓男性覺得掃興，但又沒辦法充滿自信地稱讚這個人，所以暫且選擇用「不錯」來形容。

前者是因為女性的自我監控能力高，後者是採取字面解讀的戰略。另外，誠如第一部 Case 1 提到的，女性基本上都偏好較誇張的表達方式。就這個層面的意義來看，這裡的「不錯」可以說是對不怎麼喜歡的人也能勉強使用的客套話。

女性經常說的話屬於無標語言，代表理所當然的事。也就是說，可以想成是說得非常誇張才好不容易達到平均值的感覺。女性對不討厭但覺得不怎麼樣的人，也很有可能會說「不錯」，各位最好留意這一點。

順帶一提，男性必須注意女性常說的「好可愛」，原因和上述情形相同。當女性貶低自己，說出「她比我可愛多了」的時候，很可能從男性的角度看來完全相反，甚至本人也覺得自己比較可愛。

為什麼女性會這樣說話呢？

這是因為女性想讓人覺得自己是「懂得稱讚朋友的好人」，同時也是女性自我監控能力強所造成的現象。

男性最好一開始就不要太期待

另外，女性的「她很可愛」和之前的例子一樣，屬於綜合判斷下的「可愛」，所以要注意這個評論並不單指外表。

然而，雖說要注意，但男性除了事先了解「女性可能會這麼做」之外，也不能做什麼。**如果你無論如何都想知道女方是不是在說場面話、想確認真正的心意，不妨用「妳覺得哪一點好」等具體方式問問看**。

若女方是採取綜合判斷得出結論，應該就不會有具體的「認為對方可愛的關鍵」，這種情況下很難得到明確的答案。不過，反過來說，你也能因此得知這個人並非外表特別可愛。

無論如何，不要抱太大期待，對自己的精神健康才會比較好喔。

男女互相了解的關鍵

男性請注意女性的有標程度

請試著透過對方把話說得多誇張等「是否達到有標的程度」，來判斷對方的真正心意。

例如對真的覺得不錯的人，很可能會像第一部Case 16那樣加上「超」之類的強調語，或者採用具體的補充方式，例如：「她家裡很多兄弟姊妹，因為是長女所以很懂得照顧人喔。」

女性幾乎可以完全放心

大多數的情況下，表示對方真的覺得這個人不錯。不過，這當然也只是男方自認為不錯。另外，人的性格

是和對方交互作用之後形成的結果，所以必須事先了解，這個人在價值觀和個性上有可能還是和妳不合。

CASE 12

如果對方說「那天的行程還不確定……」

假設大家聊天聊得很開心時，提到前幾天去過的美味居酒屋。

A：「哇，看起來好好吃喔！」

B：「下次大家一起去吧。」

C：「好啊！」

D：「那約下週五怎麼樣？」

E：「……啊，我那天的行程還不確定耶。」

大家應該都有過這種經驗。這個常套用句某種程度上也存在男女差異，男性大多是真的不確定行程才會這樣說，而女性則可能是委婉地拒絕。

女性不會直接拒絕

前文也有提到，女性自我監控能力強，所以很少會說別人的壞話。另外，女性重視溝通橋樑，所以會極力避免破壞氣氛、讓對方覺得不愉快的言行。

因此，女性認為直接拒絕會讓對方很受傷，所以準備用其他理由拒絕。其中，最好用的句子就是「那天的行程還不確定」。

當然，也有可能是那天已經有其他不能透漏的行程。然而，這種時候可以試著透過對方的聲調、表情以及「那天還……」前後的句子推測情況。

如果E有說出「我想去」之類的期待語句，或者在說完「那天的行程還不確定」之後接著說「下下週後半段有空」，自己提議時間的話，很有可能表示真的不確定行程但很想參加。

用家人當擋箭牌也是女性常用的拒絕方法

此外，還有另一個女性經常用來拒絕的手段，那就是打出家人牌，例如「我要和媽媽一起出門」、「我爸拜託我幫他辦事」、「我和家人約好要吃飯」等等。

這一招既可以營造重視家庭的愛與良好家教的好孩子印象，又能婉轉地拒絕對方，實在是很方便。

話雖如此，「那天的行程還不確定」或「要和媽媽一起……」只是說得好聽而已，應該很多人都能察覺弦外之音才對。本書傳達的內容，只是提供思考的提示，請各位務必理解這些並非絕對正確的答案。

男性請不要打破砂鍋問到底

只有一點希望各位男性讀者特別注意。

那就是在對方說那天的行程還不確定之後，追問：「那妳什麼時候方便？」

假設對方真的想去，你不用多問，對方也會在可以去的時候聯絡你，如果時間不合，她也會來商量下一次怎麼約。因此，當下最好用「那等妳可能有空的時候，再提前告訴我」做結尾。

而且，如果對方的真正心意是悲慘的「拒絕」，那你應該知道這個時候窮追猛打只會有反效果。越是追問、嘗試調整日期，對方對你的好感就越少。你要是想絕地大反攻，乾脆地退一步也是好方法。

簡單來說，就算對方真的想去，窮追猛打也沒什好處；要是對方想拒絕，那打破砂鍋問到底反而只有壞處。

如果真的忙到不馬上排進行程，就會被其他事情填滿的話，當場確認時間的確有好處。因此，正如第二部 Case 7 所述，對方真的想約一定會馬上敲定時間。

然而，你想當場決定時間，對方卻回答「那天的行程還不確定」的時候，除非你確定對方不是要拒絕，否則基本上最好不要繼續追問。

男女互相了解的關鍵

男性繼續追問很危險

了解對方可能是婉轉拒絕，當下先用「那等妳確定行程再告訴我」聰明地收尾吧。不過，一直放著不管自己的行程可能會漸漸排滿，而且想去的餐廳也可能必須事先預約。如果是這種情況的話，就算冒著好感度下降的風險追問：「那妳什麼時候比較方便？」也是不得已的選擇。

男方有可能無法履約

基本上，只要相信男方字面上的意思即可。不過，就算已經排好確定的時間，對方也有可能無法履約。如

果妳再次確認時間，又得到相同的模糊答覆，可能表示對方認為「不值得花時間在妳身上」，這種時候最好不要深究。

專欄 7

攻擊性的「也」和有共鳴的「也」

男性：「我『也』打過網球喔！」
女性：「我『也』很喜歡那個樂團。」

這是經常出現的日常對話範例，這裡強調的「也」這個字，其實同樣是有男女差異的。

按照延續生命、保存物種的法則，基本上男性會互相競爭以便留下更優秀的人，而女性為了生存會以共同體的方式互相幫助，所以具有極力避免競爭的特性。「也」的用法差異，也是源自於這種社會特性的不同。

在第一部的 Case 9 中，介紹到女性使用「好可愛」這個詞的其中一個目的，如下所述：

①和朋友一起驚呼「好可愛」可以提高共鳴感，形成溝通的橋樑。

女性的「也」和這一點相同。共鳴是連結他人的最強武器，「好可愛」是女性之間的共通語言，也是形成溝通橋樑的最佳武器，但「好可愛」並非永遠通用。

因此，女性在對話中會去尋找，除了「好可愛」以外有沒有什麼共通語言。當女性發現對方和自己有共同的興趣或經驗，就會興奮地說「我也是○○」！馬上縮短心靈之間的距離。

相對來說，男性的「也」並不是為了尋找共通語言以得到共鳴，而是隱含了競爭的意義。

如果是自己可能會贏的對象，就會用「我也打過網球，以前還曾經是代表本縣出賽的選手」的方式展現優勢，因為男性擁有想居於上位的慾望。

不過，男性當然就比較不能接受處於弱勢。面對可能比自己強的人，就會採取退一步的方式，例如「我滿喜歡網球的」；面對可能比自己弱的人，就會採取攻擊的態度，例如「其實我也打過網球」。

也就是說，男性的「也」具有攻擊、對抗的意識，而女性的「也」則代表共鳴、共通的語言。

說到社會性的角色分配，近年來男性也不太需要競爭，反而越來越多案例是因為在閒聊時有所共鳴才獲得成功。我想應該也會有人認為，男性使用女性的「也」並不稀奇。

如同字典會數度修正語言的意義和用法，所謂的正確解答也會隨著社會變遷而改變。正因為如此，本書介紹的內容以後也可能不再適用。

因此，針對本書的內容，請各位盡量不要只記得結論，而是搭配背後的原因和思考方式運用。

就算正確解答已經改變，各位若能運用背後的原因和思考方式，重新審視那個時候的社會、人類的實際情況，應該就能導出新的正確解答了。

CASE 13

被說「你還真奇怪」，是稱讚的意思嗎？

男性應該都有一段想要特立獨行的時期。

在採訪我身邊的人之後，發現有不少女性也有相同的情況，更何況男性具有負責狩獵而產生重視成果主義的思想，以及為保存物種而想吸引雌性的本能，所以會憧憬成為一匹野狼的感覺。年輕的時候，男性根本不想進入「普通」、「理所當然」的框架內。

「你還真奇怪」對男性來說就等於是「不普通」，所以反而很想要別人這樣評論自己。

然而，待年齡增長，就會了解普通的好處與難處。長大之後冷靜思考就會發現，即便是真的很奇怪、不普通，也不見得能和「特別」劃上等號。

姑且不論自己做了什麼才會有這種評論，實際上聽到「你還真奇怪」的時候，對方到底在想什麼呢？

用在女性身上的「妳還真奇怪」並沒有正面含意

如同每次都會提到的概念，男性真的認為「那傢伙是怪人」的機率很高。對那個人來說，這句話是含有負面意義的有標語言。很遺憾的是，這表示對方認為「沒興趣」、「不想靠近」。

女性的「妳還真奇怪」用在同性身上，基本上也沒有什麼正面的含意。

「重視彼此關係」是女性的一大特徵，一方面是出自對他人的體貼，但反過來說也表示女性對「可能破壞溝通橋樑的人」警戒心比男性更強烈。女性生活在群體中，當處於成群結隊上廁所、棒打出頭鳥的社會構造當中，怪人就容易被孤立。

女性用「你還真奇怪」表達好感的心理

然而，這句話用在男性身上，可能就有正面含意。

女性鮮少直接說對方壞話，即便是表達好感也會多費一層心思。因為對方如果是男性，直接稱讚的話就會透露出自己的好感。

女性自我監控能力高，所以在有好感但正試圖了解對方人品、心思的初期階段，不會想讓對方知道自己的心意。

因此，會使用「你還真奇怪」等不算壞話的讚美方式。

在美國，女性會捏男人的屁股表達喜歡，這句話的語感就很接近捏屁股的行為，「你還真奇怪」可以說是一種迂迴的表達。

順帶一提，有時候對方可能不是說「你還真奇怪」，而是使用更強烈的「怪人」、「變態」等字眼。很遺憾的是，這對鮮少在異性面前說出負面詞彙的女性來說屬於有標語言，和男性的「你還真奇怪」有相同含意，所以聽到這些詞彙最好要知道自己已經沒戲唱了。

而且，一樣是「你還真奇怪」這句話，女性和男性一樣都覺得不想進一步接觸的情形也很正常。不只語言本身，請綜合語調、表情等非語言的資訊再進行判斷。

不過，如果是在「你還真奇怪」之後，加上「但我覺得很不錯」之類的話，就表示幾乎可以確定屬於讚美。這種情形下，就能判定對方是在表達好感。

男女互相了解的關鍵

男性請慎重探詢對方的真正心意

聽到對方說「你還真奇怪」，應該有很多個性踏實的人都不會覺得高興。不過，女方的確有可能對你抱持好感。

話雖如此，也不能誤會對方的意思而飄飄然。請參考女性的表情、聲音等非語言資訊，慎重地判斷對方的真實心意。

女性可以期待大逆轉的機會

如果喜歡的男性對妳說這句話，那表示妳沒戲唱的機率很高。不過，我想應該有些對象讓妳無論如何都不

想放棄。這種時候詢問對方覺得奇怪的地方在哪裡，或許是個好方法。至少在對方心中，妳屬於有標的人物，表示具有存在感。

從負面的情況開始，之後漸漸展露自己好的一面，透過傲嬌戰略獲得大逆轉的機會。

CASE 14

「你到底想說什麼？」背後真正的意義

當兩個人已經爭執到眼看就要吵起來、氣氛非常糟的時候，就會出現「你到底想說什麼」這句話。

我想各位應該都聽過這句話，而且根據男女不同，背後的意義也會大幅改變。

簡單來說，男性透過問對方「妳到底想說什麼」表達困惑，而女性則是表達憤怒。這一點和前文提到的「把話說清楚」一樣。

重視道理的男性，純粹是苦惱於「不知道妳在說什麼」，所以希望對方如字面所示解釋「妳到底想說什麼」。

男性想確認截至目前為止的對話中，對方到底想表達什麼。

女性不像男性那樣需要仔細說明

相對地，在大多數的情況下，女性則是透過「你到底想說什麼」，來表達之前對話中累積的不信任與挫折感。**採用主觀型溝通的女性就算自己覺得很悶，也不太會直接表達憤怒**。

即便認為自己站在正義的一方，還是會盡量避免讓對方覺得不愉快。結果造成女性採用迂迴的表達方式，透過問題表達自己的憤怒。這種時候，女方聲調應該充滿怒意吧。此時，任你做再多解釋都只是徒勞。

女性也有像男性一樣，需要對方解釋的時候。如果是這種情形，應該會透過「你到底想說什麼」這句話，讓你感覺到對方的困惑大於憤怒。

此外，也有可能是因為男方的描述太過瑣碎，導致女方火大要求解釋。語調固然是重要的判斷元素，但絕對不能片面斷定。

女性基本上不像男性那樣需要大量解釋，其原因在於女性重視人際關係更甚於道理，而且第一部 Case 11 也提到女性擁有敏銳直覺。

女性連接左右腦的腦樑較粗、能夠使用整個大腦，她們在本能上擁有強烈的第六感，以及察覺細微差異的觀察能力。

女性心理已經有答案

改變自己的筆跡、模仿他人的筆跡之所以非常困難，是因為寫字時每根手指、手肘、手腕、肩膀等肌肉與骨骼、視線、觸感等回饋需要連動許多神經。

人類從小耗費數年的時間學習、自動化，才終於培養出自己的寫字習慣。耗費漫長時間才掌握的連動感，很難馬上改變。

說謊也是一樣。雖然行動很自然，但必須加上虛構的元素，相較於透過長年的使用和經驗自動化的正常發言，說謊時的語調、視線、動作、發話內容都會有點不自然。擅長處理多工資訊的女性，對這些差異非常敏感。

簡單來說，這就表示女性心理早就有答案，所以比起問話更想展現自己的怒意。

手段高明的人甚至可以展露笑容，並且用不怎麼生氣的聲音說「你到底想說什麼」，同時還能讓人強烈感覺到「說出這麼扯的藉口，你是認真的嗎」。

只要女方用上這一招，男性就幾乎沒有勝算了。這時，**無條件投降是唯一的解決方法。**

男女互相了解的關鍵

男性請展現道歉的誠意

重視道理的男性，往往會認為「她不懂我想要表達什麼嗎」。

然而，大多數的情況下，對方並不是要你解釋，而是道歉或安撫。

面對正在氣頭上的人，冗長又聽起來像藉口的解釋，很可能會火上添油。

讓對方知道你不是在找藉口，一邊展現道歉的誠意一邊好好解釋很重要。

女性解釋時請注意邏輯

如字面所示，男性是聽不懂妳想表達什麼，希望妳能淺顯易懂地解釋清楚，這個時候就按照邏輯好好解釋吧。

CASE 15

對方的「對不起啦」只是假意敷衍嗎？

總之先道歉好了……

這次要介紹的是男性和女性一樣背後另有所指，但是男女之間又有不同含意的一句話。

在第一部 Case 1 當中也有提及，男性的「對不起」屬於無意義語。除了訴諸武力的情形之外，言語上的爭執大多都是女性比男性占優勢。因此，自認無法說服善於應用語言、內心複雜的女性時，男性就會放棄掙扎，先道歉再說。話雖如此，男性的自尊心強，其實很討厭道歉，所以根本不會真心道歉。說實在的，這個時候的道歉只是空洞的假意道歉。

這很常見吧？就是一聽就知道絕對只是嘴巴上說說的「對不起」。

當然，男性也有真心道歉的時候。只是對方真摯的語調、表情、動作，一定會讓妳一聽就知道他是真心的。

相對而言，女性說這句話的時候，就表示「我已經道歉了，你也要道歉」。女性和男性一樣也不想道歉，人本來就不會想要承認自己有錯。尤其是平常受人吹捧、有自信的女性，這種心情會來得更為強烈。

既然女方已經讓步，男性也請跟著退一步吧

截至目前為止，筆者一直說明主觀式溝通的女性會盡量不表現怒意。「對不起」基本上也一樣，為維持良好關係，女性會搶先一步道歉。

另外，女性有時也會在盡情說完自己想說的話之後向對方道歉，試圖修復溝通的橋樑，以免破壞彼此之間的關係。

在腦科學和心理學領域中，有豐富的研究結果顯示女性能敏感地從表情察覺對方

的心情。察覺對方的心情後，女性會盡量想辦法避免讓對方不愉快。

然而，事情到這裡還沒結束。**重視橫向連結的女性，其特性就是要求對等性**。在任何場合中都會要求回饋。也就是說，女性道歉時心裡想著：「我已經道歉了，你也要道歉，這樣我就願意和好。」

既然女性已經讓步，男性應該也要退一步才對。首先，請不要假意道歉，拿出誠意來吧。道歉之後再好好談，不要被情緒左右，學習女性建立溝通橋樑，安靜地與之抗衡吧。

男女互相了解的關鍵

男方也要道歉

大多數的狀況下，對方的確是坦率地向你道歉。當然，女性也有假意道歉的時候。

然而，女性和男性不同，比起挽回當場的氣氛，對方更可能是在思考之後的戰略。無論如何，為了和對方和好，你自己也要道歉才行。

女性請不要再追究下去

如第一部 Case 1 提到的，就算知道對方是空洞的假意道歉，妳也最好接受。逼問「你真的知道自己哪裡錯了嗎」，男方反而很可能會勃然大怒，情況只會變得

越來越複雜（如果妳覺得已經火大到跟對方斷絕關係也無所謂的話，或許刻意這麼做也ＯＫ）。

CASE 16

口是心非的「沒問題」

由於女性經常說反話，如果男性按字面解釋對方說的「沒問題」，真的把女方放著不管，通常會被罵是「不懂女人心的遲鈍男」。

男性認為「不需要幫我，但請體貼一點」

當男性說「沒問題」時，大多表示「不需要擔心也ＯＫ」的意思。

當然，也會有「有問題」的時候。只不過，此時男性說這句話的原因和女性不一樣，通常是體貼對方，會認為：「雖然問題很大，但是我會想辦法解決的。謝謝妳的好意。」

男性認為自己解決問題是一種美德，而且社會也對男性有這樣的期待。因此「沒問題」這句話，有可能是出自對他人的體貼，也可能是在表達自己有能力解決問題。

無論是哪一種情形，女性都應該採用「你看起來好像很辛苦，要加油喔。如果有我能做的事，我會盡量幫忙」的方式慰勞、鼓勵男性。

或者也可以用「你真的什麼都會耶，這一點很令人尊敬」等方式，讚美對方處理問題的能力。

男性是靠自尊心生存、需要認同感的怪物。只要妳慰勞他的辛苦，就算有點困難，他也會硬撐著克服難關。

女性認為「我需要幫忙，也需要體貼」

另一方面，女性的「沒問題」只是場面話。她正在心裡吶喊「超有問題」、「可以的話快來幫我」。

女性自我監控的能力高，所以就算想求援，剛開始也會說「我沒問題」。

也就是說，那輕易求助會讓人覺得自己很任性，所以會想避免這種狀況。或者是想表現出客氣、試圖一個人努力的高尚品格。

無論如何，女性嘴上雖然說「沒問題」，但其實是想要別人幫忙。男性千萬不能按字面接受，認為「她本人都這麼說了，那就應該沒問題」真的放任不管。我可以想像你這麼做之後，女方滿臉不高興的樣子。

因此，就算女方說「沒問題」，也要先詢問：「真的沒問題嗎？如果妳不嫌棄的話，我願意幫忙，請不要客氣。」

如果對方是真的沒問題，當你回問的時候，她應該會說：「真的沒問題，謝謝你替我擔心。」

即便對方這樣說，你再加上一句：「沒問題就好，不要太勉強自己喔！」那就更好了。

然而，男性如果被女方討厭那就另當別論了。

對方很有可能會這樣認為：「雖然有麻煩，但我並不想和你有任何關聯，也不想要你幫忙。」

這種時候請從對方的語調和表情等非語言資訊來辨別。如果有類似的徵兆，請速速退場。否則會讓人覺得你是個死纏爛打的男人。

男女互相了解的關鍵

男性一定要幫助女性

請不要按字面認為對方沒問題，察覺對方其實「有麻煩」吧。接著，主動告訴對方自己可以幫忙。即便對方真的沒問題，只要說句「別太勉強，我隨時都可以幫忙」之類的貼心話，女方對你的好感就會大幅提升。

女性不需要幫助男性

妳真的不需要擔心，只要說點慰勞對方或讚美的話，就算對方有麻煩也會靠自己解決。壓抑想幫助對方的心情，守護男性的自尊吧。

CASE 17

當對方問「可以跟你聊一聊嗎……」

漫畫《黑金丑島君》中，曾經出現以下台詞：

「女人開口說話，本身就有其意義。」

「男人只說有意義的話。」

這是一針見血表達男女對話差異的名言。

女性想要共鳴

女性的「可以跟你聊一聊嗎？」重點在於聊一聊的行為本身，也就是說，女性對對方提出的解決方法一點興趣也沒有。要是你一聽到這句話就自以為是，一副高高在上的樣子提供感覺像是在說教的意見，我保證女方一定會很不高興，那麼究竟該如何是好呢？

女性是追求共鳴、依靠共鳴連結彼此的生物。因此，讓對方感覺有共鳴是一件非常重要的事。

她心中早就已經有答案了，你只要對她準備好的答案表示同意和共鳴即可。話雖如此，採用「是啊」、「我懂」這類套好招的單調回應實在太乏味。如此一來，女性也會覺得「好敷衍的回答，你根本沒有認真聽我說話」，說不定反而會因此生氣。雖然認同對方，但也要「簡短地」加入自己或他人的故事，同時徹底做好傾聽的工作。

總而言之，來找你聊的女性才是主角，絕對不能搶走主導權，變成滔滔不絕說自己的事情。

這個世界上能徹底傾聽的男性出乎意料地少，只要能做好傾聽的工作，就算不搶眼或許也會有人注意到你。

男性想要解決方法

另一方面，如前文所述，男性會想要盡量自己解決問題。人類在原始時代狩獵時發生危險，通常沒辦法依靠他人，只能盡量自己解決問題，男性擁有這種自古承襲至今的本能。

因此，當男性用「可以跟你聊一聊嗎」的方式向他人求助時，就表示他真的很困擾，需要別人的建議。

男人通常會想在女性面前要帥，不會想展露弱點，讓別人知道自己能力不足才對。所以這種時候最好的應對方法，就是真誠地傾聽男方想聊什麼，認真思考、幫助他找到解決方法。

再加上男性之間的對話通常都被揶揄是吹牛大賽，和同性商量往往很容易變得自以為了不起，或者淪為吹噓大會。因此，女性可以善用自己的共鳴能力，在對話中讓對方感受到共鳴，或許就能在這份溫柔之下放鬆心情。

男人是靠自尊存活的生物，請隨時注意自己的言行，以免傷害對方的自尊。

男女互相了解的關鍵

男性的首要之務就是傾聽

我了解你是為了對方好，才會想站在對方的立場給予建議，想藉此獲得高分，但是請你先做好傾聽的工作。女方需要的是共鳴。平常可以透過聆聽女性之間的對話，試著研究如何彼此產生共鳴。

女性請思考該給對方什麼建議

當男性真的需要建議時，請在不傷對方自尊的情況下，說出自己想到的建議吧。如果能適時營造共鳴感，對男性來說是很新鮮的感覺，說不定會有加分的效果。

CASE 18

「我不會開罵，你就說吧」是真的嗎？

女性被罵的機率很低，但男性被罵的機率很高

出現這句話通常有幾種狀況：做了壞事被追究、對方想要辨明事情的真偽、被問到感想卻沒說實話……

無論是哪一種情況，誠如「君子一言，駟馬難追」這句話所說的，男性之間擁有言行不一很可恥的文化。因此，男性會竭盡全力為自己說過的話負責任，周遭的人也對男性抱有這樣的期待，所以當男性開口說「我不會開罵」之後就很難反悔。

如果男方已經這樣說了，女性最好按字面接受，老實交代一切。或者可以先說：「絕對不罵人？君子一言，駟馬難追！」拉好防衛線再開口。

儘管如此，萬一還是被罵了，就可以用「明明說好了不開罵的……」來糾正對方，然後就保持沉默也是方法之一。只不過當對方破口大罵的時候，這麼做等於是火上添油，還是保持沉默比較好。

對男性來說，本來就已經很難理解的女性一旦保持沉默，就很難進一步攻擊。

相反的，女性說這句話一開始就只是為了從對方身上獲得更多資訊。而且，女性不認為自己是君子，所以有可能反悔。**因此，男性本來就不該期待自己說真話之後不會被罵。**

甚至可以說，女性說這句話的真正意思是「你不說我會罵得更兇」才對。

女：「話說，你昨天晚上去哪裡了？」

男：「啊？我在家啊！」

女：「騙人。你老實說，我不會罵你。」

男：「……其實……孝雄找我去聯誼……」

女：「聯誼？什麼鬼？（怒）（中略）我絕對不原諒你！（怒）」

男：「（呃……不是說好不罵我嗎？）」

像這樣對話經常出現在日常生活中。

為什麼女性會生氣？通常是因為男方之前都在說謊，或者不這樣說男方就不老實交代，抑或是男方的回答和自己想的不一樣。

男性對話的關鍵在於是否能打造溝通的橋樑

那麼男性該如何應對這種狀況呢？

首先，要先有心理準備，了解女性的「我不會開罵，你就說吧」沒有可信度。**而且，判斷是否能老實說出對方想要的資訊非常重要**。

不過，什麼都不說的話，對方只會更生氣。因此，你一定要提供對方某些資訊。

然而，男性最擅長的邏輯分析，在這時聽起來只會像是藉口，反而會讓女方更煩躁。因此，男性必須打造溝通的橋樑，以重視對話環境、氣氛的方式和女方溝通。

碰到這種狀況時，通常都是被追問的一方有錯。首先，請拋開自尊向對方道歉，視狀況也可以用禮物或服務吸引對方繼續溝通。

如果連男方都變得情緒化，最後只會兩敗俱傷。

男女互相了解的關鍵

男性請思考讓對方消氣的戰略

只要女方說出這句話，基本上就一定會被罵。請抱著這份覺悟，專心思考如何讓她消氣。如果對方怒不可遏，完全聽不進你說的話，那就只能等到她氣消為止。憤怒的情緒只會持續幾分鐘，最好先忍耐到怒火暫時得到控制，待對方稍微冷靜下來再好好談。

女性就算沒有被罵也要道歉

妳說實話之後男方大概也不會真的開罵，但是心情多少會變得不好。此時就要依靠女性的專長，努力搭起溝通橋樑，搭配被罵就沉默的絕招來克服險境。不過就

算沉默到底，男方還是一樣生氣，通常表示錯在妳身上。就算沒有被罵，最後還是向對方道個歉比較好。

後記

本書從語言切入，說明男女之間的各種差異。透過腦科學、語言學、文化理論、社會心理學、進化心理學、社會學等各種角度，自由地討論這些差異。

其中或許有一些讓人無法認同的範例、提示和解說，不過學問本來就必須從各種觀點看待、分析事物。讓這些意見彼此碰撞，才能漸漸看到真相。因此，請各位讀者務必從自己的感受和觀點重新試著分析看看。

這些男女差異是出自本能，還是受到文化、社會影響，或者單純只是想太多，目前仍然是未解之謎。無論如何，各位讀者若能透過本書發現兩性之間的差異，甚至對解開男女雙方的誤會有所幫助，將會是筆者無上的光榮。

撰寫這本書時，共有一百多名大學生協助填寫問卷，也有社會人士在訪談中給予回答。在此，想向這些幫助過我的人表達謝意。

另外，延續前作《受歡迎的人都這麼做——如何創造絕妙的存在感》，本書依然承蒙編輯丑久保和哉的關照，請容我藉這個機會向他表達感謝之意。

二〇一八年三月　堀田秀吾

參考文獻

Asch, S. E. (1946). Forming impressions of personality. *Journal of Abnormal and Social Psychology*, 41, 258-290.

Brown, P. and Levinson, S. C. (1987). *Politeness: Some Universals in Language Usage*. Cambridge: Cambridge University Press.

George, M. S., Ketter, T. A. et al. (1996). Gender differences in regional cerebral blood flow during transient self-induced sadness or happiness. *Biological Psychiatry*, 40 (9): 859-71.

Grice, H. P. (1975). Logic and Conversation. In P. Cole & J. L. Morgan, eds., *Syntax and Semantics*, Vol. 3, Speech Acts, 41-58, New York: Academic Press.

Lakoff, R. (1975). *Language and Woman's place*. New York: Harper and Row.

Mowlavi, A., Cooney, D., Febus, L., Khosraviani, A., Wilhelmi, B.J., Akers, G. (2005).

Increased cutaneous nerve fibers in female specimens. *Plastic and Reconstructive Surgery*, 116 (5): 1407-1410.

Newhoff, M., Treiman, D.M., Smith, K.A., Steinmetz, P.N. (2015). Gender differences in human single neuron responses to male emotional faces. *Frontiers in Human Neuroscience*, 9: 499. PMID 26441597 DOI: 10.3389/fnhum. 2015.00499, 1.

Romaine, S. (1994). *Language in Society: An Introduction to Sociolinguistics*. Oxford: Oxford University Press.

Schiffer, B., Pawliczek, C., Müller, B. W., Gizewski, E. R., & Walter, H. (2013). Why don't men understand women? Altered neural networks for reading the language of male and female eyes. *PLoS ONE*, 8, e60278. doi:10.1371/journal.pone.0060278.

Tamir, D.I., Mitchell, J.P. (2012). Disclosing information about the self is intrinsically rewarding. *Proceedings of the National Academy of Sciences*, 109(21), 8038-8043.

Tannen, D. (1986). *That's not what I meant!: how conversational style makes or breaks your relations with others*. New York, NY: William Morrow & Co.

Tannen, D. (1990). *You just don't understand: women and men in conversation*. New York, NY: William Morrow & Co.

影山太郎（2002）《含糊的日本語》岩波書店

上大岡留・池谷裕二（2008）《幹勁的秘密》幻冬社

池谷裕二（2013）《奇妙的大腦慣性》扶桑社新書

今井芳昭（2006）《說服的心理學——如何影響他人》科學社

森田良行（1998）《日本人的想法與日本語的表達——以「我」的立場決定語言》中公新書

岡本真一郎（2013）《語言的社會心理學——是否確實傳達想說的話》中公新書

HEART
心|視野 心視野系列051

鬼速拉近關係的男女撩心語言學

用一句話讀懂對方暗示，做出正確回應，瞬間讓感情升溫

言葉通りすぎる男深読みしすぎる女

作　　者 堀田秀吾
譯　　者 涂紋凰
總 編 輯 何玉美
主　　編 王郁渝
編　　輯 簡孟羽
特約編輯 陳紫綸
封面設計 張天薪
內文排版 顏麟驊

出版發行 采實文化事業股份有限公司
行銷企劃 陳佩宜・黃于庭・馮羿勳・蔡雨庭
業務發行 張世明・林踏欣・王貞玉・林坤蓉
國際版權 王俐雯・林冠妤
印務採購 曾玉霞
會計行政 王雅蕙・李韶婉
法律顧問 第一國際法律事務所　余淑杏律師
電子信箱 acme@acmebook.com.tw
采實官網 www.acmebook.com.tw
采實臉書 www.facebook.com/acmebook01

I S B N 978-986-507-027-4
定　　價 320元
初版一刷 2019年8月
劃撥帳號 50148859
劃撥戶名 采實文化事業股份有限公司
104臺北市中山區南京東路二段95號9樓
電話：（02）2511-9798
傳真：（02）2571-3298

國家圖書館出版品預行編目資料

鬼速拉近關係的男女撩心語言學：用一句話讀懂對方暗示，做出正確回應，瞬間讓感情升溫／堀田秀吾作；涂紋凰譯. -- 初版. -- 臺北市：采實文化，2019.08
256面；14.8×21公分. --（心視野系列；51）
譯自：言葉通りすぎる男深読みしすぎる女
ISBN 978-986-507-027-4（平裝）
1. 差異心理學　2. 發展心理學
173.71　　108010660